U0165046

皇极经世书

[宋]邵雍／著　　郭彧　于天宝／点校

上

图书在版编目(CIP)数据

皇极经世书／(宋)邵雍著;郭彧,于天宝点校
. —上海:上海古籍出版社,2021.12(2023.11 重印)
ISBN 978-7-5732-0055-6

Ⅰ.①皇… Ⅱ.①邵… ②郭… ③于… Ⅲ.①理学—
中国—北宋 Ⅳ.①B244.31

中国版本图书馆 CIP 数据核字(2021)第 226538 号

皇极经世书(全三册)

[宋] 邵 雍 著
   郭 彧 于天宝 点校

上海古籍出版社出版发行

(上海市闵行区号景路 159 弄 1-5 号 A 座 5F 邮政编码 201101)
(1)网址:www.guji.com.cn
(2)E-mail:guji1@guji.com.cn
(3)易文网网址:www.ewen.co

印刷 浙江临安曙光印务有限公司
开本 890×1240 1/32
印张 31.5 插页6 字数 734,000
印数 4,201—6,300
版次 2021 年 12 月第 1 版
    2023 年 11 月第 3 次印刷
书号 ISBN 978-7-5732-0055-6/B·1222
定价 128.00 元

如有质量问题,请与承印公司联系

前　　言

一、邵雍的生平成就

邵雍,字尧夫,人称安乐先生、百源先生。北宋真宗大中祥符四年(辛亥年,公元一〇一一年)十二月二十五日(辛丑月甲子日甲戌辰)生于衡漳(今河南林州康节村),卒于熙宁十年(丁巳年,公元一〇七七年),享年六十七岁,卒谥康节。幼年随父邵古迁共城(今河南辉县),三十七岁时移居洛阳。奇才盖世,人品峻洁。名流学士如富弼、吕公著、程颐、程颢、张载等皆与之交游,司马光待之如兄长。以隐居不仕著称。著有《皇极经世》《伊川击壤集》《渔樵问对》等。其学问精湛,融会贯通,尤精于《易》,并创立先天之学。后人尊称"邵子"。

邵雍祖上姬姓,出于召公世系,为周文王后代。他早年即胸怀大志。居共城时,其母李氏过世,他便筑庐于苏门山,布衣蔬食守丧三年。时李挺之为共城县令,听说邵雍好学,便造访其庐。邵雍遂拜其为师,从学义理之学、性命之学与物理之学。数年之后,邵雍学有所成,但不事张扬,所以了解他的人很少。时有新乡人王豫同邵雍论学,他自恃自己学问足可当邵雍之师,谁知议论过后却深为邵雍的学识所折服,于是便虔诚地拜其为师。邵雍移居洛阳之后,所悟"先天之学"进一步完善,又收张岷等为弟子,传授《先天图》及"先天之学"。

邵雍四十五岁时娶王允修之妹为妻,后二年得子,名伯温。嘉祐六年,邵雍五十一岁时,丞相富弼让邵雍出来做官,甚至说"如不欲仕,亦可奉致一闲名目",被他婉言谢绝。当时神宗下诏天下举士,吕公著、吴充、祖无泽等人皆推荐邵雍,朝廷连下三道诏书,任命邵雍为秘书省校书郎、颍川团练推官。邵雍再三推辞,不得已而受官,又称病不肯赴职。

邵雍在洛阳闲居近三十年。冬夏则闭门读书,春秋两季出游。乐天知命,常以诗言志,以园林景色、醇酒茗茶自娱平生。一心效法圣人,观物得理,究天人之际,立言不朽。尝有诗云:"祗恐身闲心未闲""若蕴奇才必奇用,不然须负一生闲"。的确是一位具有远大抱负的儒者。

邵雍不支持王安石所推行的新法,但也不公开反对。他把这种不满的心情通过吟诗唱和的形式表达出来。如"自从新法行,尝苦樽无酒""杯觞限新法,何故便能倾""侯门深处还知否,百万流民在露天"等诗句,反映了他对待新法的态度。他也是一位能够权变知时的智者。有门生故旧为反对新法要"投劾而去",他劝说道:"此贤者所当尽力之时,新法固严,能宽一分,则民受一分赐矣。投劾何益耶?"

二程兄弟与邵雍同巷里居住近三十年,世间事无所不论。程颢尝说:"尧夫于物理上尽说得,亦大段漏泄他天机。"又说:"尧夫之学,先从理上推意,言象数,言天下之理。"以"内圣外王之道"评价邵雍之学,以"振古之豪杰"评价邵雍其人。

熙宁十年三月,邵雍有病,后卧床百余日而不能起。至七月四日病危,五日凌晨去世,享年六十七。遗嘱命治丧之事从简,一如其父,葬从伊川先茔。邵雍病中,司马光前来探视。邵雍对他说:"某病势不起,且试与观化一巡也。"司马光宽慰他:"尧夫不应至此。"邵雍说:"死生亦常事耳。"当时正值张载从关中来,他给邵雍诊脉后说:"先生脉息不亏,自当勿药。"又要给邵雍推命吉凶,说:"先生信命乎?载试为先生推之。"邵雍回答:"世俗所谓命者,某所不知,若天命则知之矣。"张载说:"既曰天命,则无可言者。"邵雍《闲行吟》云:"买卜稽疑是买疑,病深何药可能医。梦中说梦重重妄,床上安床叠叠非。列子御风徒有待,夸夫逐日岂无疲。劳多未有收功处,踏尽人间闲路岐。"可见他是一个不信世俗之命,不搞卜筮稽疑那一套智数的儒者。程颐前来探病,说:"先生至此,他人无以致力,愿先生自主张。"邵雍说:"平生学道固至此矣,然亦无可主张。"又说:"正叔可谓生姜树头生,必是生姜树头出也。"其时邵雍声息已很微弱,就举起两手做手势,程颐不明白,问:"从此与先生诀矣,更有可以见告者乎?"邵雍说:"面前路径常令宽,路径窄则无着身处,况能使人行也!"邵雍病重之中犹有"以命听于天,于心何所失""唯将以命听于天,此外谁能闲计较""死生都一致,利害漫相寻。汤剂功非浅,膏肓疾已深。然而犹灼艾,用慰友朋心"等诗句,足见他对待生死的乐天态度。

邵雍去世后,邵伯温请程颢为其父作墓志铭。程颢月下踱步于庭,思索良久对程颐说:"颢已得尧夫墓志矣。尧夫之学可谓安且成。"遂于墓志中有"先生之学为有传也""语成德者,昔难其居。若先生之道,就所至而论之,可谓安且成矣"等语。哲宗元祐中,赐谥"康节"。欧阳修之子欧阳棐作谥议:"君少笃学,有大志,久而后知道德之归。且以为学者之患,在于好恶先成于心,而挟其私智以求于道,则蔽于所好,而不得其真。故求之至于四方万里之远,天地阴阳屈伸消长之变,无所不可而必折衷于圣人。虽深于象数,先见默识,未尝以自名也。其学纯一不杂,居之而安,行之能成,平夷浑大,不见圭角,其自得深矣。按谥法,温良好乐曰康,能固所守曰节。"南宋咸淳三年正月,封邵雍为新安伯,从祀孔庙。

程颢、张岷、欧阳棐皆评价邵雍之学"纯一不杂",则是因其学问不杂以"智数"。脱脱《宋史》将邵雍列入《道学传》,李贽《藏书》将邵雍列入《德业儒臣传》,则表明邵雍是有宋道学(或称理学)的大家。邵雍亦自云:"君子之学,以润身为本,其治人应物皆余事也。"又云:"物理之学既有所不通,不可以强通。强通则有我,有我则失理而入于术矣。"又云:"为学养心,患在不由直道,去利欲。由直道,任至诚,则无所不通。天地之道直而已,当以直求之。若用智数由径以求之,是屈天地而循人欲也,不亦难乎!"脱脱对此也有评论:一些人"因雍之前知"就说邵雍能从一切物体的声音、气色、动作方面推其吉凶之变,于是就摘取人世间那些已经发生的事,说邵雍都有言在先了。其实是"雍盖未必然也"。对于邵雍的"遇事能前知",程颐的分析是:"其心虚明,自能知之。"

邵雍作为宋代著名的理学家、易学家、诗人、先天学说的创始人,与周敦颐、张载、程颢、程颐并称"北宋五子"。他的著述及其所反映的理学思想,在中国哲学史、易学史及宋明理学史上均占有重要地位。邵雍弟子张岷述邵雍行状曰:"先生治《易》《书》《诗》《春秋》之学,穷意言象数之蕴,明皇帝王霸之道。著书十万余言,研精极思三十年,观天地之消长,推日月之盈缩,考阴阳之度数,察刚柔之形体,故经之以元,纪之以会,参之以运,终之以世。又断自唐、虞,迄于五代,本诸天道,质以人事,兴废治乱,靡所不载。"

二、邵雍的《皇极经世》及其先天之学

邵雍的易学成就,主要表现在"先天之学"方面。邵雍创建了先天象数学理论,成为后代先天象数学派的开山者。邵雍以后涌

现出一大批著名的象数学者，著名的宋代有王湜、张行成、祝秘、廖应淮，明代有朱隐老、黄畿，清代有王植、何梦瑶等。这些学者从不同的向度发挥或发展了邵雍的先天象数学说。

以先天学说为基础构建起来的《皇极经世》，是邵雍思想的代表作。该书体系庞大，内容涵盖宇宙生成论、自然观、历史观和社会政治理论等。关于"皇极经世"的含义，朱伯昆先生认为，"其所谓皇极经世，即按三皇所立的至高法则，观察和推测人类历史的变化以御世。因为此法则为伏羲氏所立，故又称其易学著作为《皇极经世》"。"皇极"最早出现在《尚书·洪范》中，有"建用皇极""惟皇作极"的表述，言治道则上推三皇，有追寻道统本源之意；"经世"，是经邦济世、治理人世之意。该书力求构造一个囊括宇宙、自然、社会、人生的完整的观念体系。这是一个最高法则，以此，上应宇宙、下应人事而不惑。

邵雍把从传说中的帝尧即位之甲辰年，到五代后周显德六年己未（公元九五九年）这三千多年的重大历史事件编在《皇极经世》书中的元会运世时间体系中。该书通过编年的形式表达作者的历史哲学。作者中年以后卜居洛阳安乐窝，与司马光、二程等名流吟诗唱和，探讨学问，编撰《皇极经世》的思想构架就是在这一段时期形成的。与此同时，由于王安石变法，司马光政治失意，亦隐居在洛阳，与邵雍为邻。司马光著名的《资治通鉴》亦是在这个时期成书。司马光非常尊重邵雍的学识，待之如兄长。《皇极经世》与《资治通鉴》在表达历史哲学方面有异曲同工之妙。

邵雍受到《易传》思想的启发，对其思想加以发挥敷衍，成为《皇极经世》最主要的思想来源。比如受到"天地定位"章启发开出的"先天图式"，从"易有太极，是生两仪，两仪生四象，四象生八卦,八卦定吉凶"而展开的八卦生成思想。老子的《道德经》中也提到"一生二,二生三,三生万物""人法地,地法天,天法道,道法自然"。扬雄通过拟《易》而作《太玄》,北周卫元嵩作《元包经传》。邵雍的《皇极经世》,就是努力构造自己时空观体系的一部书。在该体系中,表达了作者对历史上的朝代消长、兴替,万物的存在状态的看法,用其子邵伯温的话说就是:"穷日月星辰飞走动植之数,以尽天地万物之理;述皇帝王霸之事,以明大中至正之道。阴阳之消长,古今之治乱,较然可见矣。故书谓之《皇极经世》,篇谓之《观物》焉。"

朱熹云:"程、邵之学固不同,然二程所以推尊康节者至矣。盖以其信道不惑,不杂异端,班于温公、横渠之间。"余敦康先生颇为推崇邵雍的"宇宙意识与人文情怀",认为邵雍的"宇宙意识有似于道家,这种人文情怀就有似于儒家了",称赞邵雍是一个"儒道兼综的人物,虽旷达而仍有执著的人文情怀……他的先天之学是一种内圣外王之道"。

今人研究邵雍的思想,如果想要全面准确地把握,那就必须对邵雍著作做深入研究。邵雍博大精深的思想对中国哲学史、易学思想史有着深远的影响。邵雍的人文情怀、安乐精神和真善境界,不仅对后世易学家、理学家产生了重要影响,而且对当今的世俗人生仍然有着可资借鉴的意义。

刘师培在《汉宋学术异同论》中说:"宋人象数之学,精语尤多……而邵子《观物内篇》曰'象起于形,数起于质,名起于言,意起于用',其析理尤精,远出周、张之上。又以水火土石为地体,以代《洪范》之五行,地质之学已启其萌。此则宋儒学术远迈汉儒矣,与荒渺不经之说迥然殊途。"

三、此次整理情况

邵雍所撰《皇极经世》，宋代传本不一，晁公武《郡斋读书志》与陈振孙《直斋书录解题》著录十卷，《宋史》本传则谓六十卷。明初《正统道藏》太玄部收录的《皇极经世》为十二卷本，清乾隆年间修《四库全书》时将《皇极经世书》收入子部术数类，为十四卷本。尽管分卷不同，但内容差别不大。

道藏本《皇极经世》之元会运世部分，一至十二篇为"以元经会"，十三至二十三篇为"以会经运"，二十四至三十四为"以运经世"，此三合为先天象数之推演，以明历史兴衰演化回环之数。三十五至五十篇为律吕声音，排列四声清浊律吕变化之规律；五十一至六十二篇为观物内篇，论所以为书之意，穷日月星辰、飞走动植之数，以尽天地万物之理，述皇帝王霸之事，以明大中至正之道；六十三至六十四为观物外篇，系康节殁后门弟子所编，内容为门弟子记录其平昔言语，合为二篇，虽传录之际不能无差，然亦足以发明成书。

今整理《皇极经世》，以上海涵芬楼影印明《正统道藏》本（简称道藏本）为底本。以下列出各部分之参校本：

（一）卷一至卷十（元会运世、声音律吕），参校本为文渊阁《四库全书》本《皇极经世书》（简称四库本）。

（二）卷十一（观物内篇），参校本除文渊阁《四库全书》本《皇极经世书》外，另有明胡广《性理大全书》本《皇极经世书》（简称大全本）；《四库全书》本张行成《皇极经世索隐》（简称索隐本）。

（三）卷十二（观物外篇），参校本除文渊阁《四库全书》本《皇极经世书》外，另有明胡广《性理大全书》本《皇极经世书》；《四库全书》本张行成《皇极经世观物外篇衍义》（简称衍义本）。

　　为便于读者进一步理解《皇极经世》,本书另收录了邵雍之子邵伯温所撰《皇极经世系述》、南宋张行成所撰《皇极经世观物外篇衍义》、《道藏辑要》之《皇极经世书》,以及整理者郭彧所撰《皇极经世三简表》《皇极经世夏商周年表》《邵雍六十四卦易数表》等八个附录。

　　为方便流通,此次出版沿用较常用之《皇极经世书》一名。

目　　录

皇极经世卷第一

以元经会之一　观物篇之一

日甲一　月子一

星甲一	辰子一	辰丑二	辰寅三
	辰卯四	辰辰五	辰巳六
	辰午七	辰未八	辰申九
	辰酉十	辰戌十一	辰亥十二
星乙二	辰子十三	辰丑十四	辰寅十五
	辰卯十六	辰辰十七	辰巳十八
	辰午十九	辰未二十	辰申二十一
	辰酉二十二	辰戌二十三	辰亥二十四
星丙三	辰子二十五	辰丑二十六	辰寅二十七
	辰卯二十八	辰辰二十九	辰巳三十
	辰午三十一	辰未三十二	辰申三十三
	辰酉三十四	辰戌三十五	辰亥三十六
星丁四	辰子三十七	辰丑三十八	辰寅三十九
	辰卯四十	辰辰四十一	辰巳四十二
	辰午四十三	辰未四十四	辰申四十五
	辰酉四十六	辰戌四十七	辰亥四十八
星戊五	辰子四十九	辰丑五十	辰寅五十一
	辰卯五十二	辰辰五十三	辰巳五十四

	辰午五十五	辰未五十六	辰申五十七
	辰酉五十八	辰戌五十九	辰亥六十
星己六	辰子六十一	辰丑六十二	辰寅六十三
	辰卯六十四	辰辰六十五	辰巳六十六
	辰午六十七	辰未六十八	辰申六十九
	辰酉七十	辰戌七十一	辰亥七十二
星庚七	辰子七十三	辰丑七十四	辰寅七十五
	辰卯七十六	辰辰七十七	辰巳七十八
	辰午七十九	辰未八十	辰申八十一
	辰酉八十二	辰戌八十三	辰亥八十四
星辛八	辰子八十五	辰丑八十六	辰寅八十七
	辰卯八十八	辰辰八十九	辰巳九十
	辰午九十一	辰未九十二	辰申九十三
	辰酉九十四	辰戌九十五	辰亥九十六
星壬九	辰子九十七	辰丑九十八	辰寅九十九
	辰卯一百	辰辰一百一	辰巳一百二
	辰午一百三	辰未一百四	辰申一百五
	辰酉一百六	辰戌一百七	辰亥一百八
星癸十	辰子一百九	辰丑一百十	辰寅一百十一
	辰卯一百十二	辰辰一百十三	辰巳一百十四
	辰午一百十五	辰未一百十六	辰申一百十七
	辰酉一百十八	辰戌一百十九	辰亥一百二十
星甲十一	辰子一百二十一	辰丑一百二十二	辰寅一百二十三
	辰卯一百二十四	辰辰一百二十五	辰巳一百二十六
	辰午一百二十七	辰未一百二十八	辰申一百二十九
	辰酉一百三十	辰戌一百三十一	辰亥一百三十二

星乙十二	辰子一百三十三	辰丑一百三十四	辰寅一百三十五
	辰卯一百三十六	辰辰一百三十七	辰巳一百三十八
	辰午一百三十九	辰未一百四十	辰申一百四十一
	辰酉一百四十二	辰戌一百四十三	辰亥一百四十四
星丙十三	辰子一百四十五	辰丑一百四十六	辰寅一百四十七
	辰卯一百四十八	辰辰一百四十九	辰巳一百五十
	辰午一百五十一	辰未一百五十二	辰申一百五十三
	辰酉一百五十四	辰戌一百五十五	辰亥一百五十六
星丁十四	辰子一百五十七	辰丑一百五十八	辰寅一百五十九
	辰卯一百六十	辰辰一百六十一	辰巳一百六十二
	辰午一百六十三	辰未一百六十四	辰申一百六十五
	辰酉一百六十六	辰戌一百六十七	辰亥一百六十八
星戊十五	辰子一百六十九	辰丑一百七十	辰寅一百七十一
	辰卯一百七十二	辰辰一百七十三	辰巳一百七十四
	辰午一百七十五	辰未一百七十六	辰申一百七十七
	辰酉一百七十八	辰戌一百七十九	辰亥一百八十
星己十六	辰子一百八十一	辰丑一百八十二	辰寅一百八十三
	辰卯一百八十四	辰辰一百八十五	辰巳一百八十六
	辰午一百八十七	辰未一百八十八	辰申一百八十九
	辰酉一百九十	辰戌一百九十一	辰亥一百九十二
星庚十七	辰子一百九十三	辰丑一百九十四	辰寅一百九十五
	辰卯一百九十六	辰辰一百九十七	辰巳一百九十八
	辰午一百九十九	辰未二百	辰申二百一
	辰酉二百二	辰戌二百三	辰亥二百四
星辛十八	辰子二百五	辰丑二百六	辰寅二百七
	辰卯二百八	辰辰二百九	辰巳二百一十

	辰午二百一十一	辰未二百一十二	辰申二百一十三
	辰酉二百一十四	辰戌二百一十五	辰亥二百一十六
星壬十九	辰子二百一十七	辰丑二百一十八	辰寅二百一十九
	辰卯二百二十	辰辰二百二十一	辰巳二百二十二
	辰午二百二十三	辰未二百二十四	辰申二百二十五
	辰酉二百二十六	辰戌二百二十七	辰亥二百二十八
星癸二十	辰子二百二十九	辰丑二百三十	辰寅二百三十一
	辰卯二百三十二	辰辰二百三十三	辰巳二百三十四
	辰午二百三十五	辰未二百三十六	辰申二百三十七
	辰酉二百三十八	辰戌二百三十九	辰亥二百四十
星甲二十一	辰子二百四十一	辰丑二百四十二	辰寅二百四十三
	辰卯二百四十四	辰辰二百四十五	辰巳二百四十六
	辰午二百四十七	辰未二百四十八	辰申二百四十九
	辰酉二百五十	辰戌二百五十一	辰亥二百五十二
星乙二十二	辰子二百五十三	辰丑二百五十四	辰寅二百五十五
	辰卯二百五十六	辰辰二百五十七	辰巳二百五十八
	辰午二百五十九	辰未二百六十	辰申二百六十一
	辰酉二百六十二	辰戌二百六十三	辰亥二百六十四
星丙二十三	辰子二百六十五	辰丑二百六十六	辰寅二百六十七
	辰卯二百六十八	辰辰二百六十九	辰巳二百七十
	辰午二百七十一	辰未二百七十二	辰申二百七十三
	辰酉二百七十四	辰戌二百七十五	辰亥二百七十六
星丁二十四	辰子二百七十七	辰丑二百七十八	辰寅二百七十九
	辰卯二百八十	辰辰二百八十一	辰巳二百八十二
	辰午二百八十三	辰未二百八十四	辰申二百八十五
	辰酉二百八十六	辰戌二百八十七	辰亥二百八十八

星戊二十五　辰子二百八十九　辰丑二百九十　辰寅二百九十一
辰卯二百九十二　辰辰二百九十三　辰巳二百九十四
辰午二百九十五　辰未二百九十六　辰申二百九十七
辰酉二百九十八　辰戌二百九十九　辰亥三百

星己二十六　辰子三百一　辰丑三百二　辰寅三百三
辰卯三百四　辰辰三百五　辰巳三百六
辰午三百七　辰未三百八　辰申三百九
辰酉三百一十　辰戌三百一十一　辰亥三百一十二

星庚二十七　辰子三百一十三　辰丑三百一十四　辰寅三百一十五
辰卯三百一十六　辰辰三百一十七　辰巳三百一十八
辰午三百一十九　辰未三百二十　辰申三百二十一
辰酉三百二十二　辰戌三百二十三　辰亥三百二十四

星辛二十八　辰子三百二十五　辰丑三百二十六　辰寅三百二十七
辰卯三百二十八　辰辰三百二十九　辰巳三百三十
辰午三百三十一　辰未三百三十二　辰申三百三十三
辰酉三百三十四　辰戌三百三十五　辰亥三百三十六

星壬二十九　辰子三百三十七　辰丑三百三十八　辰寅三百三十九
辰卯三百四十　辰辰三百四十一　辰巳三百四十二
辰午三百四十三　辰未三百四十四　辰申三百四十五
辰酉三百四十六　辰戌三百四十七　辰亥三百四十八

星癸三十　辰子三百四十九　辰丑三百五十　辰寅三百五十一
辰卯三百五十二　辰辰三百五十三　辰巳三百五十四
辰午三百五十五　辰未三百五十六　辰申三百五十七
辰酉三百五十八　辰戌三百五十九　辰亥三百六十

以元经会之二　观物篇之二

月丑二

星甲三十一	辰子三百六十一	辰丑三百六十二	辰寅三百六十三
	辰卯三百六十四	辰辰三百六十五	辰巳三百六十六
	辰午三百六十七	辰未三百六十八	辰申三百六十九
	辰酉三百七十	辰戌三百七十一	辰亥三百七十二
星乙三十二	辰子三百七十三	辰丑三百七十四	辰寅三百七十五
	辰卯三百七十六	辰辰三百七十七	辰巳三百七十八
	辰午三百七十九	辰未三百八十	辰申三百八十一
	辰酉三百八十二	辰戌三百八十三	辰亥三百八十四
星丙三十三	辰子三百八十五	辰丑三百八十六	辰寅三百八十七
	辰卯三百八十八	辰辰三百八十九	辰巳三百九十
	辰午三百九十一	辰未三百九十二	辰申三百九十三
	辰酉三百九十四	辰戌三百九十五	辰亥三百九十六
星丁三十四	辰子三百九十七	辰丑三百九十八	辰寅三百九十九
	辰卯四百	辰辰四百一	辰巳四百二
	辰午四百三	辰未四百四	辰申四百五
	辰酉四百六	辰戌四百七	辰亥四百八
星戊三十五	辰子四百九	辰丑四百一十	辰寅四百一十一
	辰卯四百一十二	辰辰四百一十三	辰巳四百一十四
	辰午四百一十五	辰未四百一十六	辰申四百一十七
	辰酉四百一十八	辰戌四百一十九	辰亥四百二十
星己三十六	辰子四百二十一	辰丑四百二十二	辰寅四百二十三
	辰卯四百二十四	辰辰四百二十五	辰巳四百二十六
	辰午四百二十七	辰未四百二十八	辰申四百二十九

	辰酉四百三十	辰戌四百三十一	辰亥四百三十二
星庚三十七	辰子四百三十三	辰丑四百三十四	辰寅四百三十五
	辰卯四百三十六	辰辰四百三十七	辰巳四百三十八
	辰午四百三十九	辰未四百四十	辰申四百四十一
	辰酉四百四十二	辰戌四百四十三	辰亥四百四十四
星辛三十八	辰子四百四十五	辰丑四百四十六	辰寅四百四十七
	辰卯四百四十八	辰辰四百四十九	辰巳四百五十
	辰午四百五十一	辰未四百五十二	辰申四百五十三
	辰酉四百五十四	辰戌四百五十五	辰亥四百五十六
星壬三十九	辰子四百五十七	辰丑四百五十八	辰寅四百五十九
	辰卯四百六十	辰辰四百六十一	辰巳四百六十二
	辰午四百六十三	辰未四百六十四	辰申四百六十五
	辰酉四百六十六	辰戌四百六十七	辰亥四百六十八
星癸四十	辰子四百六十九	辰丑四百七十	辰寅四百七十一
	辰卯四百七十二	辰辰四百七十三	辰巳四百七十四
	辰午四百七十五	辰未四百七十六	辰申四百七十七
	辰酉四百七十八	辰戌四百七十九	辰亥四百八十
星甲四十一	辰子四百八十一	辰丑四百八十二	辰寅四百八十三
	辰卯四百八十四	辰辰四百八十五	辰巳四百八十六
	辰午四百八十七	辰未四百八十八	辰申四百八十九
	辰酉四百九十	辰戌四百九十一	辰亥四百九十二
星乙四十二	辰子四百九十三	辰丑四百九十四	辰寅四百九十五
	辰卯四百九十六	辰辰四百九十七	辰巳四百九十八
	辰午四百九十九	辰未五百	辰申五百一
	辰酉五百二	辰戌五百三	辰亥五百四
星丙四十三	辰子五百五	辰丑五百六	辰寅五百七

　　　　　　辰卯 五百八　　　　辰辰 五百九　　　　辰巳 五百一十

　　　　　　辰午 五百一十一　　辰未 五百一十二　　辰申 五百一十三

　　　　　　辰酉 五百一十四　　辰戌 五百一十五　　辰亥 五百一十六

星丁 四十四　辰子 五百一十七　　辰丑 五百一十八　　辰寅 五百一十九

　　　　　　辰卯 五百二十　　　辰辰 五百二十一　　辰巳 五百二十二

　　　　　　辰午 五百二十三　　辰未 五百二十四　　辰申 五百二十五

　　　　　　辰酉 五百二十六　　辰戌 五百二十七　　辰亥 五百二十八

星戊 四十五　辰子 五百二十九　　辰丑 五百三十　　　辰寅 五百三十一

　　　　　　辰卯 五百三十二　　辰辰 五百三十三　　辰巳 五百三十四

　　　　　　辰午 五百三十五　　辰未 五百三十六　　辰申 五百三十七

　　　　　　辰酉 五百三十八　　辰戌 五百三十九　　辰亥 五百四十

星己 四十六　辰子 五百四十一　　辰丑 五百四十二　　辰寅 五百四十三

　　　　　　辰卯 五百四十四　　辰辰 五百四十五　　辰巳 五百四十六

　　　　　　辰午 五百四十七　　辰未 五百四十八　　辰申 五百四十九

　　　　　　辰酉 五百五十　　　辰戌 五百五十一　　辰亥 五百五十二

星庚 四十七　辰子 五百五十三　　辰丑 五百五十四　　辰寅 五百五十五

　　　　　　辰卯 五百五十六　　辰辰 五百五十七　　辰巳 五百五十八

　　　　　　辰午 五百五十九　　辰未 五百六十　　　辰申 五百六十一

　　　　　　辰酉 五百六十二　　辰戌 五百六十三　　辰亥 五百六十四

星辛 四十八　辰子 五百六十五　　辰丑 五百六十六　　辰寅 五百六十七

　　　　　　辰卯 五百六十八　　辰辰 五百六十九　　辰巳 五百七十

　　　　　　辰午 五百七十一　　辰未 五百七十二　　辰申 五百七十三

　　　　　　辰酉 五百七十四　　辰戌 五百七十五　　辰亥 五百七十六

星壬 四十九　辰子 五百七十七　　辰丑 五百七十八　　辰寅 五百七十九

　　　　　　辰卯 五百八十　　　辰辰 五百八十一　　辰巳 五百八十二

　　　　　　辰午 五百八十三　　辰未 五百八十四　　辰申 五百八十五

	辰酉五百八十六	辰戌五百八十七	辰亥五百八十八
星癸五十	辰子五百八十九	辰丑五百九十	辰寅五百九十一
	辰卯五百九十二	辰辰五百九十三	辰巳五百九十四
	辰午五百九十五	辰未五百九十六	辰申五百九十七
	辰酉五百九十八	辰戌五百九十九	辰亥六百
星甲五十一	辰子六百一	辰丑六百二	辰寅六百三
	辰卯六百四	辰辰六百五	辰巳六百六
	辰午六百七	辰未六百八	辰申六百九
	辰酉六百一十	辰戌六百一十一	辰亥六百一十二
星乙五十二	辰子六百一十三	辰丑六百一十四	辰寅六百一十五
	辰卯六百一十六	辰辰六百一十七	辰巳六百一十八
	辰午六百一十九	辰未六百二十	辰申六百二十一
	辰酉六百二十二	辰戌六百二十三	辰亥六百二十四
星丙五十三	辰子六百二十五	辰丑六百二十六	辰寅六百二十七
	辰卯六百二十八	辰辰六百二十九	辰巳六百三十
	辰午六百三十一	辰未六百三十二	辰申六百三十三
	辰酉六百三十四	辰戌六百三十五	辰亥六百三十六
星丁五十四	辰子六百三十七	辰丑六百三十八	辰寅六百三十九
	辰卯六百四十	辰辰六百四十一	辰巳六百四十二
	辰午六百四十三	辰未六百四十四	辰申六百四十五
	辰酉六百四十六	辰戌六百四十七	辰亥六百四十八
星戊五十五	辰子六百四十九	辰丑六百五十	辰寅六百五十一
	辰卯六百五十二	辰辰六百五十三	辰巳六百五十四
	辰午六百五十五	辰未六百五十六	辰申六百五十七
	辰酉六百五十八	辰戌六百五十九	辰亥六百六十
星己五十六	辰子六百六十一	辰丑六百六十二	辰寅六百六十三

	辰卯 六百六十四	辰辰 六百六十五	辰巳 六百六十六
	辰午 六百六十七	辰未 六百六十八	辰申 六百六十九
	辰酉 六百七十	辰戌 六百七十一	辰亥 六百七十二
星庚 五十七	辰子 六百七十三	辰丑 六百七十四	辰寅 六百七十五
	辰卯 六百七十六	辰辰 六百七十七	辰巳 六百七十八
	辰午 六百七十九	辰未 六百八十	辰申 六百八十一
	辰酉 六百八十二	辰戌 六百八十三	辰亥 六百八十四
星辛 五十八	辰子 六百八十五	辰丑 六百八十六	辰寅 六百八十七
	辰卯 六百八十八	辰辰 六百八十九	辰巳 六百九十
	辰午 六百九十一	辰未 六百九十二	辰申 六百九十三
	辰酉 六百九十四	辰戌 六百九十五	辰亥 六百九十六
星壬 五十九	辰子 六百九十七	辰丑 六百九十八	辰寅 六百九十九
	辰卯 七百	辰辰 七百一	辰巳 七百二
	辰午 七百三	辰未 七百四	辰申 七百五
	辰酉 七百六	辰戌 七百七	辰亥 七百八
星癸 六十	辰子 七百九	辰丑 七百一十	辰寅 七百一十一
	辰卯 七百一十二	辰辰 七百一十三	辰巳 七百一十四
	辰午 七百一十五	辰未 七百一十六	辰申 七百一十七
	辰酉 七百一十八	辰戌 七百一十九	辰亥 七百二十

以元经会之三　观物篇之三

月寅 三

	辰子 七百二十一	辰丑 七百二十二	辰寅 七百二十三
星甲 六十一			
	辰卯 七百二十四	辰辰 七百二十五	辰巳 七百二十六
	辰午 七百二十七	辰未 七百二十八	辰申 七百二十九
	辰酉 七百三十	辰戌 七百三十一	辰亥 七百三十二

星乙六十二	辰子七百三十三	辰丑七百三十四	辰寅七百三十五
	辰卯七百三十六	辰辰七百三十七	辰巳七百三十八
	辰午七百三十九	辰未七百四十	辰申七百四十一
	辰酉七百四十二	辰戌七百四十三	辰亥七百四十四
星丙六十三	辰子七百四十五	辰丑七百四十六	辰寅七百四十七
	辰卯七百四十八	辰辰七百四十九	辰巳七百五十
	辰午七百五十一	辰未七百五十二	辰申七百五十三
	辰酉七百五十四	辰戌七百五十五	辰亥七百五十六
星丁六十四	辰子七百五十七	辰丑七百五十八	辰寅七百五十九
	辰卯七百六十	辰辰七百六十一	辰巳七百六十二
	辰午七百六十三	辰未七百六十四	辰申七百六十五
	辰酉七百六十六	辰戌七百六十七	辰亥七百六十八
星戊六十五	辰子七百六十九	辰丑七百七十	辰寅七百七十一
	辰卯七百七十二	辰辰七百七十三	辰巳七百七十四
	辰午七百七十五	辰未七百七十六	辰申七百七十七
	辰酉七百七十八	辰戌七百七十九	辰亥七百八十
星己六十六	辰子七百八十一	辰丑七百八十二	辰寅七百八十三
	辰卯七百八十四	辰辰七百八十五	辰巳七百八十六
	辰午七百八十七	辰未七百八十八	辰申七百八十九
	辰酉七百九十	辰戌七百九十一	辰亥七百九十二
星庚六十七	辰子七百九十三	辰丑七百九十四	辰寅七百九十五
	辰卯七百九十六	辰辰七百九十七	辰巳七百九十八
	辰午七百九十九	辰未八百	辰申八百一
	辰酉八百二	辰戌八百三	辰亥八百四
星辛六十八	辰子八百五	辰丑八百六	辰寅八百七
	辰卯八百八	辰辰八百九	辰巳八百一十

辰午 八百一十一　辰未 八百一十二　辰申 八百一十三

辰酉 八百一十四　辰戌 八百一十五　辰亥 八百一十六

星壬 六十九　辰子 八百一十七　辰丑 八百一十八　辰寅 八百一十九

辰卯 八百二十　辰辰 八百二十一　辰巳 八百二十二

辰午 八百二十三　辰未 八百二十四　辰申 八百二十五

辰酉 八百二十六　辰戌 八百二十七　辰亥 八百二十八

星癸 七十　辰子 八百二十九　辰丑 八百三十　辰寅 八百三十一

辰卯 八百三十二　辰辰 八百三十三　辰巳 八百三十四

辰午 八百三十五　辰未 八百三十六　辰申 八百三十七

辰酉 八百三十八　辰戌 八百三十九　辰亥 八百四十

星甲 七十一　辰子 八百四十一　辰丑 八百四十二　辰寅 八百四十三

辰卯 八百四十四　辰辰 八百四十五　辰巳 八百四十六

辰午 八百四十七　辰未 八百四十八　辰申 八百四十九

辰酉 八百五十　辰戌 八百五十一　辰亥 八百五十二

星乙 七十二　辰子 八百五十三　辰丑 八百五十四　辰寅 八百五十五

辰卯 八百五十六　辰辰 八百五十七　辰巳 八百五十八

辰午 八百五十九　辰未 八百六十　辰申 八百六十一

辰酉 八百六十二　辰戌 八百六十三　辰亥 八百六十四

星丙 七十三　辰子 八百六十五　辰丑 八百六十六　辰寅 八百六十七

辰卯 八百六十八　辰辰 八百六十九　辰巳 八百七十

辰午 八百七十一　辰未 八百七十二　辰申 八百七十三

辰酉 八百七十四　辰戌 八百七十五　辰亥 八百七十六

星丁 七十四　辰子 八百七十七　辰丑 八百七十八　辰寅 八百七十九

辰卯 八百八十　辰辰 八百八十一　辰巳 八百八十二

辰午 八百八十三　辰未 八百八十四　辰申 八百八十五

辰酉 八百八十六　辰戌 八百八十七　辰亥 八百八十八

星戊七十五	辰子八百八十九	辰丑八百九十	辰寅八百九十一
	辰卯八百九十二	辰辰八百九十三	辰巳八百九十四
	辰午八百九十五	辰未八百九十六	辰申八百九十七
	辰酉八百九十八	辰戌八百九十九	辰亥九百
星己七十六	辰子九百一	辰丑九百二	辰寅九百三
	辰卯九百四	辰辰九百五	辰巳九百六
	辰午九百七	辰未九百八	辰申九百九
	辰酉九百一十	辰戌九百一十一	辰亥九百一十二
星庚七十七	辰子九百一十三	辰丑九百一十四	辰寅九百一十五
	辰卯九百一十六	辰辰九百一十七	辰巳九百一十八
	辰午九百一十九	辰未九百二十	辰申九百二十一
	辰酉九百二十二	辰戌九百二十三	辰亥九百二十四
星辛七十八	辰子九百二十五	辰丑九百二十六	辰寅九百二十七
	辰卯九百二十八	辰辰九百二十九	辰巳九百三十
	辰午九百三十一	辰未九百三十二	辰申九百三十三
	辰酉九百三十四	辰戌九百三十五	辰亥九百三十六
星壬七十九	辰子九百三十七	辰丑九百三十八	辰寅九百三十九
	辰卯九百四十	辰辰九百四十一	辰巳九百四十二
	辰午九百四十三	辰未九百四十四	辰申九百四十五
	辰酉九百四十六	辰戌九百四十七	辰亥九百四十八
星癸八十	辰子九百四十九	辰丑九百五十	辰寅九百五十一
	辰卯九百五十二	辰辰九百五十三	辰巳九百五十四
	辰午九百五十五	辰未九百五十六	辰申九百五十七
	辰酉九百五十八	辰戌九百五十九	辰亥九百六十
星甲八十一	辰子九百六十一	辰丑九百六十二	辰寅九百六十三
	辰卯九百六十四	辰辰九百六十五	辰巳九百六十六

辰午九百六十七　　辰未九百六十八　　辰申九百六十九

辰酉九百七十　　辰戌九百七十一　　辰亥九百七十二

星乙八十二　辰子九百七十三　　辰丑九百七十四　　辰寅九百七十五

辰卯九百七十六　　辰辰九百七十七　　辰巳九百七十八

辰午九百七十九　　辰未九百八十　　辰申九百八十一

辰酉九百八十二　　辰戌九百八十三　　辰亥九百八十四

星丙八十三　辰子九百八十五　　辰丑九百八十六　　辰寅九百八十七

辰卯九百八十八　　辰辰九百八十九　　辰巳九百九十

辰午九百九十一　　辰未九百九十二　　辰申九百九十三

辰酉九百九十四　　辰戌九百九十五　　辰亥九百九十六

星丁八十四　辰子九百九十七　　辰丑九百九十八　　辰寅九百九十九

辰卯一千　　辰辰一千一　　辰巳一千二

辰午一千三　　辰未一千四　　辰申一千五

辰酉一千六　　辰戌一千七　　辰亥一千八

星戊八十五　辰子一千九　　辰丑一千一十　　辰寅一千一十一

辰卯一千一十二　　辰辰一千一十三　　辰巳一千一十四

辰午一千一十五　　辰未一千一十六　　辰申一千一十七

辰酉一千一十八　　辰戌一千一十九　　辰亥一千二十

星己八十六　辰子一千二十一　　辰丑一千二十二　　辰寅一千二十三

辰卯一千二十四　　辰辰一千二十五　　辰巳一千二十六

辰午一千二十七　　辰未一千二十八　　辰申一千二十九

辰酉一千三十　　辰戌一千三十一　　辰亥一千三十二

星庚八十七　辰子一千三十三　　辰丑一千三十四　　辰寅一千三十五

辰卯一千三十六　　辰辰一千三十七　　辰巳一千三十八

辰午一千三十九　　辰未一千四十　　辰申一千四十一

辰酉一千四十二　　辰戌一千四十三　　辰亥一千四十四

星辛_{八十八}　辰子_{一千四十五}　辰丑_{一千四十六}　辰寅_{一千四十七}

辰卯_{一千四十八}　辰辰_{一千四十九}　辰巳_{一千五十}

辰午_{一千五十一}　辰未_{一千五十二}　辰申_{一千五十三}

辰酉_{一千五十四}　辰戌_{一千五十五}　辰亥_{一千五十六}

星壬_{八十九}　辰子_{一千五十七}　辰丑_{一千五十八}　辰寅_{一千五十九}

辰卯_{一千六十}　辰辰_{一千六十一}　辰巳_{一千六十二}

辰午_{一千六十三}　辰未_{一千六十四}　辰申_{一千六十五}

辰酉_{一千六十六}　辰戌_{一千六十七}　辰亥_{一千六十八}

星癸_{九十}　辰子_{一千六十九}　辰丑_{一千七十}　辰寅_{一千七十一}

辰卯_{一千七十二}　辰辰_{一千七十三}　辰巳_{一千七十四}

辰午_{一千七十五}　辰未_{一千七十六}　辰申_{一千七十七}

辰酉_{一千七十八}　辰戌_{一千七十九}　辰亥_{一千八十}

以元经会之四　观物篇之四

月卯_四

星甲_{九十一}　辰子_{一千八十一}　辰丑_{一千八十二}　辰寅_{一千八十三}

辰卯_{一千八十四}　辰辰_{一千八十五}　辰巳_{一千八十六}

辰午_{一千八十七}　辰未_{一千八十八}　辰申_{一千八十九}

辰酉_{一千九十}　辰戌_{一千九十一}　辰亥_{一千九十二}

星乙_{九十二}　辰子_{一千九十三}　辰丑_{一千九十四}　辰寅_{一千九十五}

辰卯_{一千九十六}　辰辰_{一千九十七}　辰巳_{一千九十八}

辰午_{一千九十九}　辰未_{一千一百}　辰申_{一千一百一}

辰酉_{一千一百二}　辰戌_{一千一百三}　辰亥_{一千一百四}

星丙_{九十三}　辰子_{一千一百五}　辰丑_{一千一百六}　辰寅_{一千一百七}

辰卯_{一千一百八}　辰辰_{一千一百九}　辰巳_{一千一百一十}

辰午_{一千一百一十一}　辰未_{一千一百一十二}　辰申_{一千一百一十三}

辰酉一千一百一十四　辰戌一千一百一十五　辰亥一千一百一十六

星丁九十四　辰子一千一百一十七　辰丑一千一百一十八　辰寅一千一百一十九

辰卯一千一百二十　辰辰一千一百二十一　辰巳一千一百二十二

辰午一千一百二十三　辰未一千一百二十四　辰申一千一百二十五

辰酉一千一百二十六　辰戌一千一百二十七　辰亥一千一百二十八

星戊九十五　辰子一千一百二十九　辰丑一千一百三十　辰寅一千一百三十一

辰卯一千一百三十二　辰辰一千一百三十三　辰巳一千一百三十四

辰午一千一百三十五　辰未一千一百三十六　辰申一千一百三十七

辰酉一千一百三十八　辰戌一千一百三十九　辰亥一千一百四十

星己九十六　辰子一千一百四十一　辰丑一千一百四十二　辰寅一千一百四十三

辰卯一千一百四十四　辰辰一千一百四十五　辰巳一千一百四十六

辰午一千一百四十七　辰未一千一百四十八　辰申一千一百四十九

辰酉一千一百五十　辰戌一千一百五十一　辰亥一千一百五十二

星庚九十七　辰子一千一百五十三　辰丑一千一百五十四　辰寅一千一百五十五

辰卯一千一百五十六　辰辰一千一百五十七　辰巳一千一百五十八

辰午一千一百五十九　辰未一千一百六十　辰申一千一百六十一

辰酉一千一百六十二　辰戌一千一百六十三　辰亥一千一百六十四

星辛九十八　辰子一千一百六十五　辰丑一千一百六十六　辰寅一千一百六十七

辰卯一千一百六十八　辰辰一千一百六十九　辰巳一千一百七十

辰午一千一百七十一　辰未一千一百七十二　辰申一千一百七十三

辰酉一千一百七十四　辰戌一千一百七十五　辰亥一千一百七十六

星壬九十九　辰子一千一百七十七　辰丑一千一百七十八　辰寅一千一百七十九

辰卯一千一百八十　辰辰一千一百八十一　辰巳一千一百八十二

辰午一千一百八十三　辰未一千一百八十四　辰申一千一百八十五

辰酉一千一百八十六　辰戌一千一百八十七　辰亥一千一百八十八

星癸一百　辰子一千一百八十九　辰丑一千一百九十　辰寅一千一百九十一

辰卯—千一百九十二　辰辰—千一百九十三　辰巳—千一百九十四

辰午—千一百九十五　辰未—千一百九十六　辰申—千一百九十七

辰酉—千一百九十八　辰戌—千一百九十九　辰亥—千二百

星甲—百一　辰子—千二百一　辰丑—千二百二　辰寅—千二百三

辰卯—千二百四　辰辰—千二百五　辰巳—千二百六

辰午—千二百七　辰未—千二百八　辰申—千二百九

辰酉—千二百一十　辰戌—千二百一十一　辰亥—千二百一十二

星乙—百二　辰子—千二百一十三　辰丑—千二百一十四　辰寅—千二百一十五

辰卯—千二百一十六　辰辰—千二百一十七　辰巳—千二百一十八

辰午—千二百一十九　辰未—千二百二十　辰申—千二百二十一

辰酉—千二百二十二　辰戌—千二百二十三　辰亥—千二百二十四

星丙—百三　辰子—千二百二十五　辰丑—千二百二十六　辰寅—千二百二十七

辰卯—千二百二十八　辰辰—千二百二十九　辰巳—千二百三十

辰午—千二百三十一　辰未—千二百三十二　辰申—千二百三十三

辰酉—千二百三十四　辰戌—千二百三十五　辰亥—千二百三十六

星丁—百四　辰子—千二百三十七　辰丑—千二百三十八　辰寅—千二百三十九

辰卯—千二百四十　辰辰—千二百四十一　辰巳—千二百四十二

辰午—千二百四十三　辰未—千二百四十四　辰申—千二百四十五

辰酉—千二百四十六　辰戌—千二百四十七　辰亥—千二百四十八

星戊—百五　辰子—千二百四十九　辰丑—千二百五十　辰寅—千二百五十一

辰卯—千二百五十二　辰辰—千二百五十三　辰巳—千二百五十四

辰午—千二百五十五　辰未—千二百五十六　辰申—千二百五十七

辰酉—千二百五十八　辰戌—千二百五十九　辰亥—千二百六十

星己—百六　辰子—千二百六十一　辰丑—千二百六十二　辰寅—千二百六十三

辰卯—千二百六十四　辰辰—千二百六十五　辰巳—千二百六十六

辰午—千二百六十七　辰未—千二百六十八　辰申—千二百六十九

辰酉—一千二百七十　辰戌—一千二百七十一　辰亥—一千二百七十二

星庚—百七　辰子—一千二百七十三　辰丑—一千二百七十四　辰寅—一千二百七十五

辰卯—一千二百七十六　辰辰—一千二百七十七　辰巳—一千二百七十八

辰午—一千二百七十九　辰未—一千二百八十　辰申—一千二百八十一

辰酉—一千二百八十二　辰戌—一千二百八十三　辰亥—一千二百八十四

星辛—百八　辰子—一千二百八十五　辰丑—一千二百八十六　辰寅—一千二百八十七

辰卯—一千二百八十八　辰辰—一千二百八十九　辰巳—一千二百九十

辰午—一千二百九十一　辰未—一千二百九十二　辰申—一千二百九十三

辰酉—一千二百九十四　辰戌—一千二百九十五　辰亥—一千二百九十六

星壬—百九　辰子—一千二百九十七　辰丑—一千二百九十八　辰寅—一千二百九十九

辰卯—一千三百　辰辰—一千三百一　辰巳—一千三百二

辰午—一千三百三　辰未—一千三百四　辰申—一千三百五

辰酉—一千三百六　辰戌—一千三百七　辰亥—一千三百八

星癸—百十　辰子—一千三百九　辰丑—一千三百十　辰寅—一千三百一十一

辰卯—一千三百一十二　辰辰—一千三百一十三　辰巳—一千三百一十四

辰午—一千三百一十五　辰未—一千三百一十六　辰申—一千三百一十七

辰酉—一千三百一十八　辰戌—一千三百一十九　辰亥—一千三百二十

星甲—百一十一　辰子—一千三百二十一　辰丑—一千三百二十二　辰寅—一千三百二十三

辰卯—一千三百二十四　辰辰—一千三百二十五　辰巳—一千三百二十六

辰午—一千三百二十七　辰未—一千三百二十八　辰申—一千三百二十九

辰酉—一千三百三十　辰戌—一千三百三十一　辰亥—一千三百三十二

星乙—百一十二　辰子—一千三百三十三　辰丑—一千三百三十四　辰寅—一千三百三十五

辰卯—一千三百三十六　辰辰—一千三百三十七　辰巳—一千三百三十八

辰午—一千三百三十九　辰未—一千三百四十　辰申—一千三百四十一

辰酉—一千三百四十二　辰戌—一千三百四十三　辰亥—一千三百四十四

星丙—百一十三　辰子—一千三百四十五　辰丑—一千三百四十六　辰寅—一千三百四十七

辰卯—千三百四十八　辰辰—千三百四十九　辰巳—千三百五十

辰午—千三百五十一　辰未—千三百五十二　辰申—千三百五十三

辰酉—千三百五十四　辰戌—千三百五十五　辰亥—千三百五十六

星丁—百一十四　辰子—千三百五十七　辰丑—千三百五十八　辰寅—千三百五十九

辰卯—千三百六十　辰辰—千三百六十一　辰巳—千三百六十二

辰午—千三百六十三　辰未—千三百六十四　辰申—千三百六十五

辰酉—千三百六十六　辰戌—千三百六十七　辰亥—千三百六十八

星戊—百一十五　辰子—千三百六十九　辰丑—千三百七十　辰寅—千三百七十一

辰卯—千三百七十二　辰辰—千三百七十三　辰巳—千三百七十四

辰午—千三百七十五　辰未—千三百七十六　辰申—千三百七十七

辰酉—千三百七十八　辰戌—千三百七十九　辰亥—千三百八十

星己—百一十六　辰子—千三百八十一　辰丑—千三百八十二　辰寅—千三百八十三

辰卯—千三百八十四　辰辰—千三百八十五　辰巳—千三百八十六

辰午—千三百八十七　辰未—千三百八十八　辰申—千三百八十九

辰酉—千三百九十　辰戌—千三百九十一　辰亥—千三百九十二

星庚—百一十七　辰子—千三百九十三　辰丑—千三百九十四　辰寅—千三百九十五

辰卯—千三百九十六　辰辰—千三百九十七　辰巳—千三百九十八

辰午—千三百九十九　辰未—千四百　辰申—千四百一

辰酉—千四百二　辰戌—千四百三　辰亥—千四百四

星辛—百一十八　辰子—千四百五　辰丑—千四百六　辰寅—千四百七

辰卯—千四百八　辰辰—千四百九　辰巳—千四百一十

辰午—千四百一十一　辰未—千四百一十二　辰申—千四百一十三

辰酉—千四百一十四　辰戌—千四百一十五　辰亥—千四百一十六

星壬—百一十九　辰子—千四百一十七　辰丑—千四百一十八　辰寅—千四百一十九

辰卯—千四百二十　辰辰—千四百二十一　辰巳—千四百二十二

辰午—千四百二十三　辰未—千四百二十四　辰申—千四百二十五

　　　　辰酉—一千四百二十六　　辰戌—一千四百二十七　　辰亥—一千四百二十八

星癸—百二十　辰子—一千四百二十九　　辰丑—一千四百三十　　辰寅—一千四百三十一

　　　　辰卯—一千四百三十二　　辰辰—一千四百三十三　　辰巳—一千四百三十四

　　　　辰午—一千四百三十五　　辰未—一千四百三十六　　辰申—一千四百三十七

　　　　辰酉—一千四百三十八　　辰戌—一千四百三十九　　辰亥—一千四百四十

以元经会之五　观物篇之五

月辰五

星甲—百二十一　辰子—一千四百四十一　辰丑—一千四百四十二　辰寅—一千四百四十三

　　　　辰卯—一千四百四十四　　辰辰—一千四百四十五　　辰巳—一千四百四十六

　　　　辰午—一千四百四十七　　辰未—一千四百四十八　　辰申—一千四百四十九

　　　　辰酉—一千四百五十　　辰戌—一千四百五十一　　辰亥—一千四百五十二

星乙—百二十二　辰子—一千四百五十三　辰丑—一千四百五十四　辰寅—一千四百五十五

　　　　辰卯—一千四百五十六　　辰辰—一千四百五十七　　辰巳—一千四百五十八

　　　　辰午—一千四百五十九　　辰未—一千四百六十　　辰申—一千四百六十一

　　　　辰酉—一千四百六十二　　辰戌—一千四百六十三　　辰亥—一千四百六十四

星丙—百二十三　辰子—一千四百六十五　辰丑—一千四百六十六　辰寅—一千四百六十七

　　　　辰卯—一千四百六十八　　辰辰—一千四百六十九　　辰巳—一千四百七十

　　　　辰午—一千四百七十一　　辰未—一千四百七十二　　辰申—一千四百七十三

　　　　辰酉—一千四百七十四　　辰戌—一千四百七十五　　辰亥—一千四百七十六

星丁—百二十四　辰子—一千四百七十七　辰丑—一千四百七十八　辰寅—一千四百七十九

　　　　辰卯—一千四百八十　　辰辰—一千四百八十一　　辰巳—一千四百八十二

　　　　辰午—一千四百八十三　　辰未—一千四百八十四　　辰申—一千四百八十五

　　　　辰酉—一千四百八十六　　辰戌—一千四百八十七　　辰亥—一千四百八十八

星戊—百二十五　辰子—一千四百八十九　辰丑—一千四百九十　辰寅—一千四百九十一

　　　　辰卯—一千四百九十二　　辰辰—一千四百九十三　　辰巳—一千四百九十四

辰午一千四百九十五　辰未一千四百九十六　辰申一千四百九十七
辰酉一千四百九十八　辰戌一千四百九十九　辰亥一千五百

星己一百二十六　辰子一千五百一　辰丑一千五百二　辰寅一千五百三
辰卯一千五百四　辰辰一千五百五　辰巳一千五百六
辰午一千五百七　辰未一千五百八　辰申一千五百九
辰酉一千五百一十　辰戌一千五百一十一　辰亥一千五百一十二

星庚一百二十七　辰子一千五百一十三　辰丑一千五百一十四　辰寅一千五百一十五
辰卯一千五百一十六　辰辰一千五百一十七　辰巳一千五百一十八
辰午一千五百一十九　辰未一千五百二十　辰申一千五百二十一
辰酉一千五百二十二　辰戌一千五百二十三　辰亥一千五百二十四

星辛一百二十八　辰子一千五百二十五　辰丑一千五百二十六　辰寅一千五百二十七
辰卯一千五百二十八　辰辰一千五百二十九　辰巳一千五百三十
辰午一千五百三十一　辰未一千五百三十二　辰申一千五百三十三
辰酉一千五百三十四　辰戌一千五百三十五　辰亥一千五百三十六

星壬一百二十九　辰子一千五百三十七　辰丑一千五百三十八　辰寅一千五百三十九
辰卯一千五百四十　辰辰一千五百四十一　辰巳一千五百四十二
辰午一千五百四十三　辰未一千五百四十四　辰申一千五百四十五
辰酉一千五百四十六　辰戌一千五百四十七　辰亥一千五百四十八

星癸一百三十　辰子一千五百四十九　辰丑一千五百五十　辰寅一千五百五十一
辰卯一千五百五十二　辰辰一千五百五十三　辰巳一千五百五十四
辰午一千五百五十五　辰未一千五百五十六　辰申一千五百五十七
辰酉一千五百五十八　辰戌一千五百五十九　辰亥一千五百六十

星甲一百三十一　辰子一千五百六十一　辰丑一千五百六十二　辰寅一千五百六十三
辰卯一千五百六十四　辰辰一千五百六十五　辰巳一千五百六十六
辰午一千五百六十七　辰未一千五百六十八　辰申一千五百六十九
辰酉一千五百七十　辰戌一千五百七十一　辰亥一千五百七十二

星乙—百三十二 辰子—千五百七十三 辰丑—千五百七十四 辰寅—千五百七十五
辰卯—千五百七十六 辰辰—千五百七十七 辰巳—千五百七十八
辰午—千五百七十九 辰未—千五百八十 辰申—千五百八十一
辰酉—千五百八十二 辰戌—千五百八十三 辰亥—千五百八十四

星丙—百三十三 辰子—千五百八十五 辰丑—千五百八十六 辰寅—千五百八十七
辰卯—千五百八十八 辰辰—千五百八十九 辰巳—千五百九十
辰午—千五百九十一 辰未—千五百九十二 辰申—千五百九十三
辰酉—千五百九十四 辰戌—千五百九十五 辰亥—千五百九十六

星丁—百三十四 辰子—千五百九十七 辰丑—千五百九十八 辰寅—千五百九十九
辰卯—千六百 辰辰—千六百一 辰巳—千六百二
辰午—千六百三 辰未—千六百四 辰申—千六百五
辰酉—千六百六 辰戌—千六百七 辰亥—千六百八

星戊—百三十五 辰子—千六百九 辰丑—千六百十 辰寅—千六百一十一
辰卯—千六百一十二 辰辰—千六百一十三 辰巳—千六百一十四
辰午—千六百一十五 辰未—千六百一十六 辰申—千六百一十七
辰酉—千六百一十八 辰戌—千六百一十九 辰亥—千六百二十

星己—百三十六 辰子—千六百二十一 辰丑—千六百二十二 辰寅—千六百二十三
辰卯—千六百二十四 辰辰—千六百二十五 辰巳—千六百二十六
辰午—千六百二十七 辰未—千六百二十八 辰申—千六百二十九
辰酉—千六百三十 辰戌—千六百三十一 辰亥—千六百三十二

星庚—百三十七 辰子—千六百三十三 辰丑—千六百三十四 辰寅—千六百三十五
辰卯—千六百三十六 辰辰—千六百三十七 辰巳—千六百三十八
辰午—千六百三十九 辰未—千六百四十 辰申—千六百四十一
辰酉—千六百四十二 辰戌—千六百四十三 辰亥—千六百四十四

星辛—百三十八 辰子—千六百四十五 辰丑—千六百四十六 辰寅—千六百四十七
辰卯—千六百四十八 辰辰—千六百四十九 辰巳—千六百五十

辰午—一千六百五十一　　辰未—一千六百五十二　　辰申—一千六百五十三

辰酉—一千六百五十四　　辰戌—一千六百五十五　　辰亥—一千六百五十六

星壬—百三十九　辰子—一千六百五十七　辰丑—一千六百五十八　辰寅—一千六百五十九

辰卯—一千六百六十　　辰辰—一千六百六十一　　辰巳—一千六百六十二

辰午—一千六百六十三　　辰未—一千六百六十四　　辰申—一千六百六十五

辰酉—一千六百六十六　　辰戌—一千六百六十七　　辰亥—一千六百六十八

星癸—百四十　辰子—一千六百六十九　辰丑—一千六百七十　辰寅—一千六百七十一

辰卯—一千六百七十二　　辰辰—一千六百七十三　　辰巳—一千六百七十四

辰午—一千六百七十五　　辰未—一千六百七十六　　辰申—一千六百七十七

辰酉—一千六百七十八　　辰戌—一千六百七十九　　辰亥—一千六百八十

星甲—百四十一　辰子—一千六百八十一　辰丑—一千六百八十二　辰寅—一千六百八十三

辰卯—一千六百八十四　　辰辰—一千六百八十五　　辰巳—一千六百八十六

辰午—一千六百八十七　　辰未—一千六百八十八　　辰申—一千六百八十九

辰酉—一千六百九十　　辰戌—一千六百九十一　　辰亥—一千六百九十二

星乙—百四十二　辰子—一千六百九十三　辰丑—一千六百九十四　辰寅—一千六百九十五

辰卯—一千六百九十六　　辰辰—一千六百九十七　　辰巳—一千六百九十八

辰午—一千六百九十九　　辰未—一千七百　　辰申—一千七百一

辰酉—一千七百二　　辰戌—一千七百三　　辰亥—一千七百四

星丙—百四十三　辰子—一千七百五　辰丑—一千七百六　辰寅—一千七百七

辰卯—一千七百八　　辰辰—一千七百九　　辰巳—一千七百一十

辰午—一千七百一十一　　辰未—一千七百一十二　　辰申—一千七百一十三

辰酉—一千七百一十四　　辰戌—一千七百一十五　　辰亥—一千七百一十六

星丁—百四十四　辰子—一千七百一十七　辰丑—一千七百一十八　辰寅—一千七百一十九

辰卯—一千七百二十　　辰辰—一千七百二十一　　辰巳—一千七百二十二

辰午—一千七百二十三　　辰未—一千七百二十四　　辰申—一千七百二十五

辰酉—一千七百二十六　　辰戌—一千七百二十七　　辰亥—一千七百二十八

星戊—百四十五 辰子—千七百二十九 辰丑—千七百三十 辰寅—千七百三十一

辰卯—千七百三十二 辰辰—千七百三十三 辰巳—千七百三十四

辰午—千七百三十五 辰未—千七百三十六 辰申—千七百三十七

辰酉—千七百三十八 辰戌—千七百三十九 辰亥—千七百四十

星己—百四十六 辰子—千七百四十一 辰丑—千七百四十二 辰寅—千七百四十三

辰卯—千七百四十四 辰辰—千七百四十五 辰巳—千七百四十六

辰午—千七百四十七 辰未—千七百四十八 辰申—千七百四十九

辰酉—千七百五十 辰戌—千七百五十一 辰亥—千七百五十二

星庚—百四十七 辰子—千七百五十三 辰丑—千七百五十四 辰寅—千七百五十五

辰卯—千七百五十六 辰辰—千七百五十七 辰巳—千七百五十八

辰午—千七百五十九 辰未—千七百六十 辰申—千七百六十一

辰酉—千七百六十二 辰戌—千七百六十三 辰亥—千七百六十四

星辛—百四十八 辰子—千七百六十五 辰丑—千七百六十六 辰寅—千七百六十七

辰卯—千七百六十八 辰辰—千七百六十九 辰巳—千七百七十

辰午—千七百七十一 辰未—千七百七十二 辰申—千七百七十三

辰酉—千七百七十四 辰戌—千七百七十五 辰亥—千七百七十六

星壬—百四十九 辰子—千七百七十七 辰丑—千七百七十八 辰寅—千七百七十九

辰卯—千七百八十 辰辰—千七百八十一 辰巳—千七百八十二

辰午—千七百八十三 辰未—千七百八十四 辰申—千七百八十五

辰酉—千七百八十六 辰戌—千七百八十七 辰亥—千七百八十八

星癸—百五十 辰子—千七百八十九 辰丑—千七百九十 辰寅—千七百九十一

辰卯—千七百九十二 辰辰—千七百九十三 辰巳—千七百九十四

辰午—千七百九十五 辰未—千七百九十六 辰申—千七百九十七

辰酉—千七百九十八 辰戌—千七百九十九 辰亥—千八百

以元经会之六　观物篇之六

月巳六

星甲一百五十一	辰子一千八百	辰丑一千八百二	辰寅一千八百三
	辰卯一千八百四	辰辰一千八百五	辰巳一千八百六
	辰午一千八百七	辰未一千八百八	辰申一千八百九
	辰酉一千八百一十	辰戌一千八百一十一	辰亥一千八百一十二
星乙一百五十二	辰子一千八百一十三	辰丑一千八百一十四	辰寅一千八百一十五
	辰卯一千八百一十六	辰辰一千八百一十七	辰巳一千八百一十八
	辰午一千八百一十九	辰未一千八百二十	辰申一千八百二十一
	辰酉一千八百二十二	辰戌一千八百二十三	辰亥一千八百二十四
星丙一百五十三	辰子一千八百二十五	辰丑一千八百二十六	辰寅一千八百二十七
	辰卯一千八百二十八	辰辰一千八百二十九	辰巳一千八百三十
	辰午一千八百三十一	辰未一千八百三十二	辰申一千八百三十三
	辰酉一千八百三十四	辰戌一千八百三十五	辰亥一千八百三十六
星丁一百五十四	辰子一千八百三十七	辰丑一千八百三十八	辰寅一千八百三十九
	辰卯一千八百四十	辰辰一千八百四十一	辰巳一千八百四十二
	辰午一千八百四十三	辰未一千八百四十四	辰申一千八百四十五
	辰酉一千八百四十六	辰戌一千八百四十七	辰亥一千八百四十八
星戊一百五十五	辰子一千八百四十九	辰丑一千八百五十	辰寅一千八百五十一
	辰卯一千八百五十二	辰辰一千八百五十三	辰巳一千八百五十四
	辰午一千八百五十五	辰未一千八百五十六	辰申一千八百五十七
	辰酉一千八百五十八	辰戌一千八百五十九	辰亥一千八百六十
星己一百五十七	辰子一千八百六十一	辰丑一千八百六十二	辰寅一千八百六十三
	辰卯一千八百六十四	辰辰一千八百六十五	辰巳一千八百六十六
	辰午一千八百六十七	辰未一千八百六十八	辰申一千八百六十九

	辰酉—千八百七十	辰戌—千八百七十一	辰亥—千八百七十二

星庚—百五十七	辰子—千八百七十三	辰丑—千八百七十四	辰寅—千八百七十五
	辰卯—千八百七十六	辰辰—千八百七十七	辰巳—千八百七十八
	辰午—千八百七十九	辰未—千八百八十	辰申—千八百八十一
	辰酉—千八百八十二	辰戌—千八百八十三	辰亥—千八百八十四
星辛—百五十八	辰子—千八百八十五	辰丑—千八百八十六	辰寅—千八百八十七
	辰卯—千八百八十八	辰辰—千八百八十九	辰巳—千八百九十
	辰午—千八百九十一	辰未—千八百九十二	辰申—千八百九十三
	辰酉—千八百九十四	辰戌—千八百九十五	辰亥—千八百九十六
星壬—百五十九	辰子—千八百九十七	辰丑—千八百九十八	辰寅—千八百九十九
	辰卯—千九百	辰辰—千九百一	辰巳—千九百二
	辰午—千九百三	辰未—千九百四	辰申—千九百五
	辰酉—千九百六	辰戌—千九百七	辰亥—千九百八
星癸—百六十	辰子—千九百九	辰丑—千九百一十	辰寅—千九百一十一
	辰卯—千九百一十二	辰辰—千九百一十三	辰巳—千九百一十四
	辰午—千九百一十五	辰未—千九百一十六	辰申—千九百一十七
	辰酉—千九百一十八	辰戌—千九百一十九	辰亥—千九百二十
星甲—百六十一	辰子—千九百二十一	辰丑—千九百二十二	辰寅—千九百二十三
	辰卯—千九百二十四	辰辰—千九百二十五	辰巳—千九百二十六
	辰午—千九百二十七	辰未—千九百二十八	辰申—千九百二十九
	辰酉—千九百三十	辰戌—千九百三十一	辰亥—千九百三十二
星乙—百六十二	辰子—千九百三十三	辰丑—千九百三十四	辰寅—千九百三十五
	辰卯—千九百三十六	辰辰—千九百三十七	辰巳—千九百三十八
	辰午—千九百三十九	辰未—千九百四十	辰申—千九百四十一
	辰酉—千九百四十二	辰戌—千九百四十三	辰亥—千九百四十四
星丙—百六十三	辰子—千九百四十五	辰丑—千九百四十六	辰寅—千九百四十七

辰卯一千九百四十八　辰辰一千九百四十九　辰巳一千九百五十

辰午一千九百五十一　辰未一千九百五十二　辰申一千九百五十三

辰酉一千九百五十四　辰戌一千九百五十五　辰亥一千九百五十六

星丁一百六十四　辰子一千九百五十七　辰丑一千九百五十八　辰寅一千九百五十九

辰卯一千九百六十　辰辰一千九百六十一　辰巳一千九百六十二

辰午一千九百六十三　辰未一千九百六十四　辰申一千九百六十五

辰酉一千九百六十六　辰戌一千九百六十七　辰亥一千九百六十八

星戊一百六十五　辰子一千九百六十九　辰丑一千九百七十　辰寅一千九百七十一

辰卯一千九百七十二　辰辰一千九百七十三　辰巳一千九百七十四

辰午一千九百七十五　辰未一千九百七十六　辰申一千九百七十七

辰酉一千九百七十八　辰戌一千九百七十九　辰亥一千九百八十

星己一百六十六　辰子一千九百八十一　辰丑一千九百八十二　辰寅一千九百八十三

辰卯一千九百八十四　辰辰一千九百八十五　辰巳一千九百八十六

辰午一千九百八十七　辰未一千九百八十八　辰申一千九百八十九

辰酉一千九百九十　辰戌一千九百九十一　辰亥一千九百九十二

星庚一百六十七　辰子一千九百九十三　辰丑一千九百九十四　辰寅一千九百九十五

辰卯一千九百九十六　辰辰一千九百九十七　辰巳一千九百九十八

辰午一千九百九十九　辰未二千　辰申二千一

辰酉二千二　辰戌二千三　辰亥二千四

星辛一百六十八　辰子二千五　辰丑二千六　辰寅二千七

辰卯二千八　辰辰二千九　辰巳二千一十

辰午二千一十一　辰未二千一十二　辰申二千一十三

辰酉二千一十四　辰戌二千一十五　辰亥二千一十六

星壬一百六十九　辰子二千一十七　辰丑二千一十八　辰寅二千一十九

辰卯二千二十　辰辰二千二十一　辰巳二千二十二

辰午二千二十三　辰未二千二十四　辰申二千二十五

	辰酉二千二十六	辰戌二千二十七	辰亥二千二十八
星癸一百七十	辰子二千二十九	辰丑二千三十	辰寅二千三十一
	辰卯二千三十二	辰辰二千三十三	辰巳二千三十四
	辰午二千三十五	辰未二千三十六	辰申二千三十七
	辰酉二千三十八	辰戌二千三十九	辰亥二千四十
星甲一百七十一	辰子二千四十一	辰丑二千四十二	辰寅二千四十三
	辰卯二千四十四	辰辰二千四十五	辰巳二千四十六
	辰午二千四十七	辰未二千四十八	辰申二千四十九
	辰酉二千五十	辰戌二千五十一	辰亥二千五十二
星乙一百七十二	辰子二千五十三	辰丑二千五十四	辰寅二千五十五
	辰卯二千五十六	辰辰二千五十七	辰巳二千五十八
	辰午二千五十九	辰未二千六十	辰申二千六十一
	辰酉二千六十二	辰戌二千六十三	辰亥二千六十四
星丙一百七十三	辰子二千六十五	辰丑二千六十六	辰寅二千六十七
	辰卯二千六十八	辰辰二千六十九	辰巳二千七十
	辰午二千七十一	辰未二千七十二	辰申二千七十三
	辰酉二千七十四	辰戌二千七十五	辰亥二千七十六
星丁一百七十四	辰子二千七十七	辰丑二千七十八	辰寅二千七十九
	辰卯二千八十	辰辰二千八十一	辰巳二千八十二
	辰午二千八十三	辰未二千八十四	辰申二千八十五
	辰酉二千八十六	辰戌二千八十七	辰亥二千八十八
星戊一百七十五	辰子二千八十九	辰丑二千九十	辰寅二千九十一
	辰卯二千九十二	辰辰二千九十三	辰巳二千九十四
	辰午二千九十五	辰未二千九十六	辰申二千九十七
	辰酉二千九十八	辰戌二千九十九	辰亥二千一百
星己一百七十六	辰子二千一百一	辰丑二千一百二	辰寅二千一百三

辰卯二千一百四　　辰辰二千一百五　　辰巳二千一百六

辰午二千一百七　　辰未二千一百八　　辰申二千一百九

辰酉二千一百一十　　辰戌二千一百一十一　　辰亥二千一百一十二

星庚一百七十七　辰子二千一百一十三　　辰丑二千一百一十四　　辰寅二千一百一十五

辰卯二千一百一十六　　辰辰二千一百一十七　　辰巳二千一百一十八

辰午二千一百一十九　　辰未二千一百二十　　辰申二千一百二十一

辰酉二千一百二十二　　辰戌二千一百二十三　　辰亥二千一百二十四

星辛一百七十八　辰子二千一百二十五　　辰丑二千一百二十六　　辰寅二千一百二十七

辰卯二千一百二十八　　辰辰二千一百二十九　　辰巳二千一百三十

辰午二千一百三十一　　辰未二千一百三十二　　辰申二千一百三十三

辰酉二千一百三十四　　辰戌二千一百三十五　　辰亥二千一百三十六

星壬一百七十九　辰子二千一百三十七　　辰丑二千一百三十八　　辰寅二千一百三十九

辰卯二千一百四十　　辰辰二千一百四十一　　辰巳二千一百四十二

辰午二千一百四十三　　辰未二千一百四十四　　辰申二千一百四十五

辰酉二千一百四十六　　辰戌二千一百四十七　　辰亥二千一百四十八

星癸一百八十　辰子二千一百四十九　　辰丑二千一百五十　　辰寅二千一百五十一

辰卯二千一百五十二　　辰辰二千一百五十三　　辰巳二千一百五十四

辰午二千一百五十五　　辰未二千一百五十六　　辰申二千一百五十七 唐尧二十一

辰酉二千一百五十八 唐尧五十一　辰戌二千一百五十九 虞舜九　辰亥二千一百六十 虞舜三十九

皇极经世卷第二

以元经会之七　观物篇之七

月午_七

星甲_{一百八十一}

辰子_{二千一百六十一}夏禹_八	辰丑_{二千一百六十二}夏太康_二
辰寅_{二千一百六十三}夏仲康_二	辰卯_{二千一百六十四}夏王相_{二十}
辰辰_{二千一百六十五}夏少康_{二十三}	辰巳_{二千一百六十六}夏少康_{五十三}①
辰午_{二千一百六十七}夏王槐_四	辰未_{二千一百六十八}夏芒_八
辰申_{二千一百六十九}夏不降_四	辰酉_{二千一百七十}夏不降_{三十四}
辰戌_{二千一百七十一}夏扃_五	辰亥_{二千一百七十二}夏廑_{十四}

星乙_{一百八十二}

辰子_{二千一百七十三}夏孔甲_{二十三}	辰丑_{二千一百七十四}夏发_{十一}
辰寅_{二千一百七十五}夏癸_{二十二}	辰卯_{二千一百七十六}夏癸_{五十二}
辰辰_{二千一百七十七}商太甲_{十七}	辰巳_{二千一百七十八}商沃丁_{十四}
辰午_{二千一百七十九}商太庚_{十五}	辰未_{二千一百八十}商雍己_三
辰申_{二千一百八十一}商大戊②_{二十一}	辰酉_{二千一百八十二}商大戊_{五十一}
辰戌_{二千一百八十三}商仲丁_六	辰亥_{二千一百八十四}商亶甲_八

星丙_{一百八十三}

辰子_{二千一百八十五}商祖辛_十	辰丑_{二千一百八十六}商沃甲_{二十四}
辰寅_{二千一百八十七}商祖丁_{二十九}	辰卯_{二千一百八十八}商阳甲_三
辰辰_{二千一百八十九}商盘庚_{二十五}	辰巳_{二千一百九十}商小乙_六
辰午_{二千一百九十一}商武丁_八	辰未_{二千一百九十二}商武丁_{三十八}

---

① “五十三”，原作“五十六”，据四库本改。
② “大”，四库本作“太”，通。下同。

辰申二千一百九十三商祖甲二　　辰酉二千一百九十四商祖甲三十二

辰戌二千一百九十五商武乙一①　　辰亥二千一百九十六商帝乙二十五

星丁一百八十四　辰子二千一百九十七商受辛十八　　辰丑二千一百九十八周成王九

辰寅二千一百九十九周康王二　　辰卯二千二百周昭王六

辰辰二千二百一周昭王三十六　　辰巳二千二百二周穆王十五

辰午二千二百三周穆王四十五　　辰未二千二百四周懿王八

辰申二千二百五周考王十三　　辰酉二千二百六周厉王十二

辰戌二千二百七周厉王四十二②　　辰亥二千二百八周宣王二十一

星戊一百八十五　辰子二千二百九周幽王五　　辰丑二千二百十周平王二十四

辰寅二千二百一十一周桓王三③　　辰卯二千二百一十二周庄王十

辰辰二千二百一十三周惠王二十　　辰巳二千二百一十四周襄王二十五

辰午二千二百一十五周定王十　　辰未二千二百一十六周灵王五

辰申二千二百一十七周景王八　　辰酉二千二百一十八周敬王十三

辰戌二千二百一十九周敬王四十三　　辰亥二千二百二十周贞定④二十二⑤

星己一百八十六　辰子二千二百二十一周威烈⑥十三　　辰丑二千二百二十二周安王十五

辰寅二千二百二十三周显王⑦十二　　辰卯二千二百二十四周显王四十二⑧

辰辰二千二百二十五周赧王十八　　辰巳二千二百二十六周赧王四十八

辰午二千二百二十七秦始皇十　　辰未二千二百二十八汉高祖九⑨

辰申二千二百二十九汉文帝四　　辰酉二千二百三十汉景帝十

---

① "一",四库本作"二"。
② "四十二",原作"四十一",据四库本改。
③ "三",四库本作"二"。
④ "定",四库本作"王"。
⑤ "二十二",四库本作"二十三"。
⑥ "十三",四库本作"九"。
⑦ "十二",四库本作"十六"。
⑧ "四十二",四库本作"十七"。
⑨ "九",四库本作"元"。

辰戌_{二千二百三十一}汉武帝_{二十四}　辰亥_{二千二百三十二}汉武帝_{五十四}

星庚_{一百八十七}　辰子_{二千二百三十三}汉宣帝_{十七}　辰丑_{二千二百三十四}汉成帝_六

辰寅_{二千二百三十五}汉平帝_四　辰卯_{二千二百三十六}汉光武_{十一}

辰辰_{二千二百三十七}汉明帝_七　辰巳_{二千二百三十八}汉和帝_六

辰午_{二千二百三十九}汉安帝_{十八}　辰未_{二千二百四十}汉桓帝_八

辰申_{二千二百四十一}汉灵帝_{十七}　辰酉_{二千二百四十二}汉献帝_{二十六}①

辰戌_{二千二百四十三}魏帝芳_五蜀帝禅_{二十二}吴帝权_{二十三}②

辰亥_{二千二百四十四}晋武帝③　吴帝皓_十④

星辛_{一百八十八}　辰子_{二千二百四十五}晋惠帝_{十三}⑤　辰丑_{二千二百四十六}晋成帝_九

辰寅_{二千二百四十七}晋哀帝_三

辰卯_{二千二百四十八}晋武帝_{二十二}后魏道武_十⑥

辰辰_{二千二百四十九}宋帝义隆_九⑦后魏大武_元

辰巳_{二千二百五十}宋武帝_二后魏文成_三

辰午_{二千二百五十一}齐武帝_二后魏孝文_{十四}

辰未_{二千二百五十二}梁武帝_{十二}后魏宣武_{十五}

辰申_{二千二百五十三}梁武帝_{四十三}西魏文帝_{十一}

辰酉_{二千二百五十四}陈宣帝_七后周武帝_{十二}⑧

辰戌_{二千二百五十五}隋炀帝_六⑨　辰亥_{二千二百五十六}唐太宗_九

星壬_{一百八十九}　辰子_{二千二百五十七}唐高宗_{十五}　辰丑_{二千二百五十八}唐中宗_{十一}

---

① "二十六"，四库本作"二十五"。
② "二十三"，四库本作"二十二"。
③ "帝"下，四库本有"十"。
④ "十"，四库本作"十二"。
⑤ "十三"，四库本作"十四"。
⑥ "十"，四库本作"一"。
⑦ "宋"，原作"晋"，据四库本改；"九"，四库本作"元"。
⑧ "十二"，四库本作"十五"。
⑨ "六"，四库本作"元"。

辰寅_{二千二百五十九}唐玄宗_{十二}①　　辰卯_{二千二百六十}唐玄宗_{四十三}

辰辰_{二千二百六十一}唐德宗_五　　辰巳_{二千二百六十二}唐宪宗②_九

辰午_{二千二百六十三}唐武宗_四　　辰未_{二千二百六十四}唐僖宗_元

辰申_{二千二百六十五}唐昭宗_{十六}　　辰酉_{二千二百六十六}

辰戌_{二千二百六十七}宋太祖_五　　辰亥_{二千二百六十八}宋太宗_{十九}

星癸_{一百九十}　辰子_{二千二百六十九}宋仁宗_二　　辰丑_{二千二百七十}宋仁宗_{三十二}③

辰寅_{二千二百七十一}　　　　　辰卯_{二千二百七十二}

辰辰_{二千二百七十三}　　　　　辰巳_{二千二百七十四}

辰午_{二千二百七十五}　　　　　辰未_{二千二百七十六}

辰申_{二千二百七十七}　　　　　辰酉_{二千二百七十八}

辰戌_{二千二百七十九}　　　　　辰亥_{二千二百八十}

星甲_{一百九十一}　辰子_{二千二百八十一}　　　　　辰丑_{二千二百八十二}

辰寅_{二千二百八十三}　　　　　辰卯_{二千二百八十四}

辰辰_{二千二百八十五}　　　　　辰巳_{二千二百八十六}

辰午_{二千二百八十七}　　　　　辰未_{二千二百八十八}

辰申_{二千二百八十九}　　　　　辰酉_{二千二百九十}

辰戌_{二千二百九十一}　　　　　辰亥_{二千二百九十二}

星乙_{一百九十二}　辰子_{二千二百九十三}　　　　　辰丑_{二千二百九十四}

辰寅_{二千二百九十五}　　　　　辰卯_{二千二百九十六}

辰辰_{二千二百九十七}　　　　　辰巳_{二千二百九十八}

辰午_{二千二百九十九}　　　　　辰未_{二千三百}

辰申_{二千三百一}　　　　　　辰酉_{二千三百二}

辰戌_{二千三百三}　　　　　　辰亥_{二千三百四}

---

① "十二"，四库本作"十三"。
② "宪"，原作"献"，据四库本改。
③ "三十二"，原作"二十二"，据四库本改。

星丙一百九十三

辰子二千三百五　　辰丑二千三百六

辰寅二千三百七　　辰卯二千三百八

辰辰二千三百九　　辰巳二千三百一十

辰午二千三百一十一　　辰未二千三百一十二

辰申二千三百一十三　　辰酉二千三百一十四

辰戌二千三百一十五　　辰亥二千三百一十六

星丁一百九十四

辰子二千三百一十七　　辰丑二千三百一十八

辰寅二千三百一十九　　辰卯二千三百二十

辰辰二千三百二十一　　辰巳二千三百二十二

辰午二千三百二十三　　辰未二千三百二十四

辰申二千三百二十五　　辰酉二千三百二十六

辰戌二千三百二十七　　辰亥二千三百二十八

星戊一百九十五

辰子二千三百二十九　　辰丑二千三百三十

辰寅二千三百三十一　　辰卯二千三百三十二

辰辰二千三百三十三　　辰巳二千三百三十四

辰午二千三百三十五　　辰未二千三百三十六

辰申二千三百三十七　　辰酉二千三百三十八

辰戌二千三百三十九　　辰亥二千三百四十

星己一百九十六

辰子二千三百四十一　　辰丑二千三百四十二

辰寅二千三百四十三　　辰卯二千三百四十四

辰辰二千三百四十五　　辰巳二千三百四十六

辰午二千三百四十七　　辰未二千三百四十八

辰申二千三百四十九　　辰酉二千三百五十

辰戌二千三百五十一　　辰亥二千三百五十二

星庚一百九十七

辰子二千三百五十三　　辰丑二千三百五十四

辰寅二千三百五十五　　辰卯二千三百五十六

辰辰〔二千三百五十七〕　　辰巳〔二千三百五十八〕

辰午〔二千三百五十九〕　　辰未〔二千三百六十〕

辰申〔二千三百六十一〕　　辰酉〔二千三百六十二〕

辰戌〔二千三百六十三〕　　辰亥〔二千三百六十四〕

星辛〔一百九十八〕

辰子〔二千三百六十五〕　　辰丑〔二千三百六十六〕

辰寅〔二千三百六十七〕　　辰卯〔二千三百六十八〕

辰辰〔二千三百六十九〕　　辰巳〔二千三百七十〕

辰午〔二千三百七十一〕　　辰未〔二千三百七十二〕

辰申〔二千三百七十三〕　　辰酉〔二千三百七十四〕

辰戌〔二千三百七十五〕　　辰亥〔二千三百七十六〕

星壬〔一百九十九〕

辰子〔二千三百七十七〕　　辰丑〔二千三百七十八〕

辰寅〔二千三百七十九〕　　辰卯〔二千三百八十〕

辰辰〔二千三百八十一〕　　辰巳〔二千三百八十二〕

辰午〔二千三百八十三〕　　辰未〔二千三百八十四〕

辰申〔二千三百八十五〕　　辰酉〔二千三百八十六〕

辰戌〔二千三百八十七〕　　辰亥〔二千三百八十八〕

星癸〔二百〕

辰子〔二千三百八十九〕　　辰丑〔二千三百九十〕

辰寅〔二千三百九十一〕　　辰卯〔二千三百九十二〕

辰辰〔二千三百九十三〕　　辰巳〔二千三百九十四〕

辰午〔二千三百九十五〕　　辰未〔二千三百九十六〕

辰申〔二千三百九十七〕　　辰酉〔二千三百九十八〕

辰戌〔二千三百九十九〕　　辰亥〔二千四百〕

星甲〔二百一〕

辰子〔二千四百一〕　　辰丑〔二千四百二〕

辰寅〔二千四百三〕　　辰卯〔二千四百四〕

辰辰〔二千四百五〕　　辰巳〔二千四百六〕

辰午〔二千四百七〕　　辰未〔二千四百八〕

	辰申_{二千四百九}	辰酉_{二千四百十}
	辰戌_{二千四百一十一}	辰亥_{二千四百一十二}
星乙_{二百二}	辰子_{二千四百一十三}	辰丑_{二千四百一十四}
	辰寅_{二千四百一十五}	辰卯_{二千四百一十六}
	辰辰_{二千四百一十七}	辰巳_{二千四百一十八}
	辰午_{二千四百一十九}	辰未_{二千四百二十}
	辰申_{二千四百二十一}	辰酉_{二千四百二十二}
	辰戌_{二千四百二十三}	辰亥_{二千四百二十四}
星丙_{二百三}	辰子_{二千四百二十五}	辰丑_{二千四百二十六}
	辰寅_{二千四百二十七}	辰卯_{二千四百二十八}
	辰辰_{二千四百二十九}	辰巳_{二千四百三十}
	辰午_{二千四百三十一}	辰未_{二千四百三十二}
	辰申_{二千四百三十三}	辰酉_{二千四百三十四}
	辰戌_{二千四百三十五}	辰亥_{二千四百三十六}
星丁_{二百四}	辰子_{二千四百三十七}	辰丑_{二千四百三十八}
	辰寅_{二千四百三十九}	辰卯_{二千四百四十}
	辰辰_{二千四百四十一}	辰巳_{二千四百四十二}
	辰午_{二千四百四十三}	辰未_{二千四百四十四}
	辰申_{二千四百四十五}	辰酉_{二千四百四十六}
	辰戌_{二千四百四十七}	辰亥_{二千四百四十八}
星戊_{二百五}	辰子_{二千四百四十九}	辰丑_{二千四百五十}
	辰寅_{二千四百五十一}	辰卯_{二千四百五十二}
	辰辰_{二千四百五十三}	辰巳_{二千四百五十四}
	辰午_{二千四百五十五}	辰未_{二千四百五十六}
	辰申_{二千四百五十七}	辰酉_{二千四百五十八}
	辰戌_{二千四百五十九}	辰亥_{二千四百六十}

星己二百六
辰子二千四百六十一　　辰丑二千四百六十二
辰寅二千四百六十三　　辰卯二千四百六十四
辰辰二千四百六十五　　辰巳二千四百六十六
辰午二千四百六十七　　辰未二千四百六十八
辰申二千四百六十九　　辰酉二千四百七十
辰戌二千四百七十一　　辰亥二千四百七十二

星庚二百七
辰子二千四百七十三　　辰丑二千四百七十四
辰寅二千四百七十五　　辰卯二千四百七十六
辰辰二千四百七十七　　辰巳二千四百七十八
辰午二千四百七十九　　辰未二千四百八十
辰申二千四百八十一　　辰酉二千四百八十二
辰戌二千四百八十三　　辰亥二千四百八十四

星辛二百八
辰子二千四百八十五　　辰丑二千四百八十六
辰寅二千四百八十七　　辰卯二千四百八十八
辰辰二千四百八十九　　辰巳二千四百九十
辰午二千四百九十一　　辰未二千四百九十二
辰申二千四百九十三　　辰酉二千四百九十四
辰戌二千四百九十五　　辰亥二千四百九十六

星壬二百九
辰子二千四百九十七　　辰丑二千四百九十八
辰寅二千四百九十九　　辰卯二千五百
辰辰二千五百一　　辰巳二千五百二
辰午二千五百三　　辰未二千五百四
辰申二千五百五　　辰酉二千五百六
辰戌二千五百七　　辰亥二千五百八

星癸二百一十
辰子二千五百九　　辰丑二千五百一十
辰寅二千五百一十一　　辰卯二千五百一十二

辰辰二千五百一十三　　　辰巳二千五百一十四

辰午二千五百一十五　　　辰未二千五百一十六

辰申二千五百一十七　　　辰酉二千五百一十八

辰戌二千五百一十九　　　辰亥二千五百二十

以元经会之八　观物篇之八

月未八

星甲二百一十一　辰子二千五百二十一　　　辰丑二千五百二十二

辰寅二千五百二十三　　　辰卯二千五百二十四

辰辰二千五百二十五　　　辰巳二千五百二十六

辰午二千五百二十七　　　辰未二千五百二十八

辰申二千五百二十九　　　辰酉二千五百三十

辰戌二千五百三十一　　　辰亥二千五百三十二

星乙二百一十二　辰子二千五百三十三　　　辰丑二千五百三十四

辰寅二千五百三十五　　　辰卯二千五百三十六

辰辰二千五百三十七　　　辰巳二千五百三十八

辰午二千五百三十九　　　辰未二千五百四十

辰申二千五百四十一　　　辰酉二千五百四十二

辰戌二千五百四十三　　　辰亥二千五百四十四

星丙二百一十三　辰子二千五百四十五　　　辰丑二千五百四十六

辰寅二千五百四十七　　　辰卯二千五百四十八

辰辰二千五百四十九　　　辰巳二千五百五十

辰午二千五百五十一　　　辰未二千五百五十二

辰申二千五百五十三　　　辰酉二千五百五十四

辰戌二千五百五十五　　　辰亥二千五百五十六

星丁二百一十四　辰子二千五百五十七　　　辰丑二千五百五十八

辰寅二千五百五十九　　辰卯二千五百六十

辰辰二千五百六十一　　辰巳二千五百六十二

辰午二千五百六十三　　辰未二千五百六十四

辰申二千五百六十五　　辰酉二千五百六十六

辰戌二千五百六十七　　辰亥二千五百六十八

星戌二百一十五　辰子二千五百六十九　　辰丑二千五百七十

辰寅二千五百七十一　　辰卯二千五百七十二

辰辰二千五百七十三　　辰巳二千五百七十四

辰午二千五百七十五　　辰未二千五百七十六

辰申二千五百七十七　　辰酉二千五百七十八

辰戌二千五百七十九　　辰亥二千五百八十

星己二百一十六　辰子二千五百八十一　　辰丑二千五百八十二

辰寅二千五百八十三　　辰卯二千五百八十四

辰辰二千五百八十五　　辰巳二千五百八十六

辰午二千五百八十七　　辰未二千五百八十八

辰申二千五百八十九　　辰酉二千五百九十

辰戌二千五百九十一　　辰亥二千五百九十二

星庚二百一十七　辰子二千五百九十三　　辰丑二千五百九十四

辰寅二千五百九十五　　辰卯二千五百九十六

辰辰二千五百九十七　　辰巳二千五百九十八

辰午二千五百九十九　　辰未二千六百

辰申二千六百一　　辰酉二千六百二

辰戌二千六百三　　辰亥二千六百四

星辛二百一十八　辰子二千六百五　　辰丑二千六百六

辰寅二千六百七　　辰卯二千六百八

辰辰二千六百九　　辰巳二千六百一十

辰午二千六百一十一　　辰未二千六百一十二

辰申二千六百一十三　　辰酉二千六百一十四

辰戌二千六百一十五　　辰亥二千六百一十六

星壬二百一十九　辰子二千六百一十七　　辰丑二千六百一十八

辰寅二千六百一十九　　辰卯二千六百二十

辰辰二千六百二十一　　辰巳二千六百二十二

辰午二千六百二十三　　辰未二千六百二十四

辰申二千六百二十五　　辰酉二千六百二十六

辰戌二千六百二十七　　辰亥二千六百二十八

星癸二百二十　辰子二千六百二十九　　辰丑二千六百三十

辰寅二千六百三十一　　辰卯二千六百三十二

辰辰二千六百三十三　　辰巳二千六百三十四

辰午二千六百三十五　　辰未二千六百三十六

辰申二千六百三十七　　辰酉二千六百三十八

辰戌二千六百三十九　　辰亥二千六百四十

星甲二百二十一　辰子二千六百四十一　　辰丑二千六百四十二

辰寅二千六百四十三　　辰卯二千六百四十四

辰辰二千六百四十五　　辰巳二千六百四十六

辰午二千六百四十七　　辰未二千六百四十八

辰申二千六百四十九　　辰酉二千六百五十

辰戌二千六百五十一　　辰亥二千六百五十二

星乙二百二十二　辰子二千六百五十三　　辰丑二千六百五十四

辰寅二千六百五十五　　辰卯二千六百五十六

辰辰二千六百五十七　　辰巳二千六百五十八

辰午二千六百五十九　　辰未二千六百六十

辰申二千六百六十一　　辰酉二千六百六十二

	辰戌 二千六百六十三	辰亥 二千六百六十四
星丙 二百二十三	辰子 二千六百六十五	辰丑 二千六百六十六
	辰寅 二千六百六十七	辰卯 二千六百六十八
	辰辰 二千六百六十九	辰巳 二千六百七十
	辰午 二千六百七十一	辰未 二千六百七十二
	辰申 二千六百七十三	辰酉 二千六百七十四
	辰戌 二千六百七十五	辰亥 二千六百七十六
星丁 二百二十四	辰子 二千六百七十七	辰丑 二千六百七十八
	辰寅 二千六百七十九	辰卯 二千六百八十
	辰辰 二千六百八十一	辰巳 二千六百八十二
	辰午 二千六百八十三	辰未 二千六百八十四
	辰申 二千六百八十五	辰酉 二千六百八十六
	辰戌 二千六百八十七	辰亥 二千六百八十八
星戊 二百二十五	辰子 二千六百八十九	辰丑 二千六百九十
	辰寅 二千六百九十一	辰卯 二千六百九十二
	辰辰 二千六百九十三	辰巳 二千六百九十四
	辰午 二千六百九十五	辰未 二千六百九十六
	辰申 二千六百九十七	辰酉 二千六百九十八
	辰戌 二千六百九十九	辰亥 二千七百
星己 二百二十六	辰子 二千七百一	辰丑 二千七百二
	辰寅 二千七百三	辰卯 二千七百四
	辰辰 二千七百五	辰巳 二千七百六
	辰午 二千七百七	辰未 二千七百八
	辰申 二千七百九	辰酉 二千七百一十
	辰戌 二千七百一十一	辰亥 二千七百一十二
星庚 二百二十七	辰子 二千七百一十三	辰丑 二千七百一十四

辰寅_{二千七百一十五}　　　辰卯_{二千七百一十六}

辰辰_{二千七百一十七}　　　辰巳_{二千七百一十八}

辰午_{二千七百一十九}　　　辰未_{二千七百二十}

辰申_{二千七百二十一}　　　辰酉_{二千七百二十二}

辰戌_{二千七百二十三}　　　辰亥_{二千七百二十四}

星辛_{二百二十八}　辰子_{二千七百二十五}　　　辰丑_{二千七百二十六}

辰寅_{二千七百二十七}　　　辰卯_{二千七百二十八}

辰辰_{二千七百二十九}　　　辰巳_{二千七百三十}

辰午_{二千七百三十一}　　　辰未_{二千七百三十二}

辰申_{二千七百三十三}　　　辰酉_{二千七百三十四}

辰戌_{二千七百三十五}　　　辰亥_{二千七百三十六}

星壬_{二百二十九}　辰子_{二千七百三十七}　　　辰丑_{二千七百三十八}

辰寅_{二千七百三十九}　　　辰卯_{二千七百四十}

辰辰_{二千七百四十一}　　　辰巳_{二千七百四十二}

辰午_{二千七百四十三}　　　辰未_{二千七百四十四}

辰申_{二千七百四十五}　　　辰酉_{二千七百四十六}

辰戌_{二千七百四十七}　　　辰亥_{二千七百四十八}

星癸_{二百三十}　辰子_{二千七百四十九}　　　辰丑_{二千七百五十}

辰寅_{二千七百五十一}　　　辰卯_{二千七百五十二}

辰辰_{二千七百五十三}　　　辰巳_{二千七百五十四}

辰午_{二千七百五十五}　　　辰未_{二千七百五十六}

辰申_{二千七百五十七}　　　辰酉_{二千七百五十八}

辰戌_{二千七百五十九}　　　辰亥_{二千七百六十}

星甲_{二百三十一}　辰子_{二千七百六十一}　　　辰丑_{二千七百六十二}

辰寅_{二千七百六十三}　　　辰卯_{二千七百六十四}

辰辰_{二千七百六十五}　　　辰巳_{二千七百六十六}

辰午二千七百六十七　　辰未二千七百六十八

辰申二千七百六十九　　辰酉二千七百七十

辰戌二千七百七十一　　辰亥二千七百七十二

星乙二百二十二　辰子二千七百七十三　　辰丑二千七百七十四

辰寅二千七百七十五　　辰卯二千七百七十六

辰辰二千七百七十七　　辰巳二千七百七十八

辰午二千七百七十九　　辰未二千七百八十

辰申二千七百八十一　　辰酉二千七百八十二

辰戌二千七百八十三　　辰亥二千七百八十四

星丙二百三十三　辰子二千七百八十五　　辰丑二千七百八十六

辰寅二千七百八十七　　辰卯二千七百八十八

辰辰二千七百八十九　　辰巳二千七百九十

辰午二千七百九十一　　辰未二千七百九十二

辰申二千七百九十三　　辰酉二千七百九十四

辰戌二千七百九十五　　辰亥二千七百九十六

星丁二百三十四　辰子二千七百九十七　　辰丑二千七百九十八

辰寅二千七百九十九　　辰卯二千八百

辰辰二千八百一　　辰巳二千八百二

辰午二千八百三　　辰未二千八百四

辰申二千八百五　　辰酉二千八百六

辰戌二千八百七　　辰亥二千八百八

星戊二百三十五　辰子二千八百九　　辰丑二千八百十

辰寅二千八百一十一　　辰卯二千八百一十二

辰辰二千八百一十三　　辰巳二千八百一十四

辰午二千八百一十五　　辰未二千八百一十六

辰申二千八百一十七　　辰酉二千八百一十八

辰戌二千八百一十九　　辰亥二千八百二十

星己二百三十六　辰子二千八百二十一　　辰丑二千八百二十二

辰寅二千八百二十三　　辰卯二千八百二十四

辰辰二千八百二十五　　辰巳二千八百二十六

辰午二千八百二十七　　辰未二千八百二十八

辰申二千八百二十九　　辰酉二千八百三十

辰戌二千八百三十一　　辰亥二千八百三十二

星庚二百三十七　辰子二千八百三十三　　辰丑二千八百三十四

辰寅二千八百三十五　　辰卯二千八百三十六

辰辰二千八百三十七　　辰巳二千八百三十八

辰午二千八百三十九　　辰未二千八百四十

辰申二千八百四十一　　辰酉二千八百四十二

辰戌二千八百四十三　　辰亥二千八百四十四

星辛二百三十八　辰子二千八百四十五　　辰丑二千八百四十六

辰寅二千八百四十七　　辰卯二千八百四十八

辰辰二千八百四十九　　辰巳二千八百五十

辰午二千八百五十一　　辰未二千八百五十二

辰申二千八百五十三　　辰酉二千八百五十四

辰戌二千八百五十五　　辰亥二千八百五十六

星壬二百三十九　辰子二千八百五十七　　辰丑二千八百五十八

辰寅二千八百五十九　　辰卯二千八百六十

辰辰二千八百六十一　　辰巳二千八百六十二

辰午二千八百六十三　　辰未二千八百六十四

辰申二千八百六十五　　辰酉二千八百六十六

辰戌二千八百六十七　　辰亥二千八百六十八

星癸二百四十　辰子二千八百六十九　　辰丑二千八百七十

辰寅 二千八百七十一　辰卯 二千八百七十二

辰辰 二千八百七十三　辰巳 二千八百七十四

辰午 二千八百七十五　辰未 二千八百七十六

辰申 二千八百七十七　辰酉 二千八百七十八

辰戌 二千八百七十九　辰亥 二千八百八十

以元经会之九　观物篇之九

月申 九

星甲 二百四十一　辰子 二千八百八十一　辰丑 二千八百八十二

辰寅 二千八百八十三　辰卯 二千八百八十四

辰辰 二千八百八十五　辰巳 二千八百八十六

辰午 二千八百八十七　辰未 二千八百八十八

辰申 二千八百八十九　辰酉 二千八百九十

辰戌 二千八百九十一　辰亥 二千八百九十二

星乙 二百四十二　辰子 二千八百九十三　辰丑 二千八百九十四

辰寅 二千八百九十五　辰卯 二千八百九十六

辰辰 二千八百九十七　辰巳 二千八百九十八

辰午 二千八百九十九　辰未 二千九百

辰申 二千九百一　辰酉 二千九百二

辰戌 二千九百三　辰亥 二千九百四

星丙 二百四十三　辰子 二千九百五　辰丑 二千九百六

辰寅 二千九百七　辰卯 二千九百八

辰辰 二千九百九　辰巳 二千九百一十

辰午 二千九百十一　辰未 二千九百十二

辰申 二千九百十三　辰酉 二千九百十四

辰戌 二千九百十五　辰亥 二千九百十六

星丁二百四十四	辰子二千九百十七	辰丑二千九百十八
	辰寅二千九百十九	辰卯二千九百二十
	辰辰二千九百二十一	辰巳二千九百二十二
	辰午二千九百二十三	辰未二千九百二十四
	辰申二千九百二十五	辰酉二千九百二十六
	辰戌二千九百二十七	辰亥二千九百二十八
星戊二百四十五	辰子二千九百二十九	辰丑二千九百三十
	辰寅二千九百三十一	辰卯二千九百三十二
	辰辰二千九百三十三	辰巳二千九百三十四
	辰午二千九百三十五	辰未二千九百三十六
	辰申二千九百三十七	辰酉二千九百三十八
	辰戌二千九百三十九	辰亥二千九百四十
星己二百四十六	辰子二千九百四十一	辰丑二千九百四十二
	辰寅二千九百四十三	辰卯二千九百四十四
	辰辰二千九百四十五	辰巳二千九百四十六
	辰午二千九百四十七	辰未二千九百四十八
	辰申二千九百四十九	辰酉二千九百五十
	辰戌二千九百五十一	辰亥二千九百五十二
星庚二百四十七	辰子二千九百五十三	辰丑二千九百五十四
	辰寅二千九百五十五	辰卯二千九百五十六
	辰辰二千九百五十七	辰巳二千九百五十八
	辰午二千九百五十九	辰未二千九百六十
	辰申二千九百六十一	辰酉二千九百六十二
	辰戌二千九百六十三	辰亥二千九百六十四
星辛二百四十八	辰子二千九百六十五	辰丑二千九百六十六
	辰寅二千九百六十七	辰卯二千九百六十八

	辰辰 二千九百六十九	辰巳 二千九百七十
	辰午 二千九百七十一	辰未 二千九百七十二
	辰申 二千九百七十三	辰酉 二千九百七十四
	辰戌 二千九百七十五	辰亥 二千九百七十六
星壬 二百四十九	辰子 二千九百七十七	辰丑 二千九百七十八
	辰寅 二千九百七十九	辰卯 二千九百八十
	辰辰 二千九百八十一	辰巳 二千九百八十二
	辰午 二千九百八十三	辰未 二千九百八十四
	辰申 二千九百八十五	辰酉 二千九百八十六
	辰戌 二千九百八十七	辰亥 二千九百八十八
星癸 二百五十	辰子 二千九百八十九	辰丑 二千九百九十
	辰寅 二千九百九十一	辰卯 二千九百九十二
	辰辰 二千九百九十三	辰巳 二千九百九十四
	辰午 二千九百九十五	辰未 二千九百九十六
	辰申 二千九百九十七	辰酉 二千九百九十八
	辰戌 二千九百九十九	辰亥 三千
星甲 二百五十一	辰子 三千一	辰丑 三千二
	辰寅 三千三	辰卯 三千四
	辰辰 三千五	辰巳 三千六
	辰午 三千七	辰未 三千八
	辰申 三千九	辰酉 三千一十
	辰戌 三千一十一	辰亥 三千一十二
星乙 二百五十二	辰子 三千一十三	辰丑 三千一十四
	辰寅 三千一十五	辰卯 三千一十六
	辰辰 三千一十七	辰巳 三千一十八
	辰午 三千一十九	辰未 三千二十

	辰申_{三千二十一}	辰酉_{三千二十二}	
	辰戌_{三千二十三}	辰亥_{三千二十四}	
星丙_{二百五十三}	辰子_{三千二十五}	辰丑_{三千二十六}	
	辰寅_{三千二十七}	辰卯_{三千二十八}	
	辰辰_{三千二十九}	辰巳_{三千三十}	
	辰午_{三千三十一}	辰未_{三千三十二}	
	辰申_{三千三十三}	辰酉_{三千三十四}	
	辰戌_{三千三十五}	辰亥_{三千三十六}	
星丁_{二百五十四}	辰子_{三千三十七}	辰丑_{三千三十八}	
	辰寅_{三千三十九}	辰卯_{三千四十}	
	辰辰_{三千四十一}	辰巳_{三千四十二}	
	辰午_{三千四十三}	辰未_{三千四十四}	
	辰申_{三千四十五}	辰酉_{三千四十六}	
	辰戌_{三千四十七}	辰亥_{三千四十八}	
星戊_{二百五十五}	辰子_{三千四十九}	辰丑_{三千五十}	
	辰寅_{三千五十一}	辰卯_{三千五十二}	
	辰辰_{三千五十三}	辰巳_{三千五十四}	
	辰午_{三千五十五}	辰未_{三千五十六}	
	辰申_{三千五十七}	辰酉_{三千五十八}	
	辰戌_{三千五十九}	辰亥_{三千六十}	
星己_{二百五十六}	辰子_{三千六十一}	辰丑_{三千六十二}	
	辰寅_{三千六十三}	辰卯_{三千六十四}	
	辰辰_{三千六十五}	辰巳_{三千六十六}	
	辰午_{三千六十七}	辰未_{三千六十八}	
	辰申_{三千六十九}	辰酉_{三千七十}	
	辰戌_{三千七十一}	辰亥_{三千七十二}	

星庚 二百五十七

辰子 三千七十三　　辰丑 三千七十四
辰寅 三千七十五　　辰卯 三千七十六
辰辰 三千七十七　　辰巳 三千七十八
辰午 三千七十九　　辰未 三千八十
辰申 三千八十一　　辰酉 三千八十二
辰戌 三千八十三　　辰亥 三千八十四

星辛 二百五十八

辰子 三千八十五　　辰丑 三千八十六
辰寅 三千八十七　　辰卯 三千八十八
辰辰 三千八十九　　辰巳 三千九十
辰午 三千九十一　　辰未 三千九十二
辰申 三千九十三　　辰酉 三千九十四
辰戌 三千九十五　　辰亥 三千九十六

星壬 二百五十九

辰子 三千九十七　　辰丑 三千九十八
辰寅 三千九十九　　辰卯 三千一百
辰辰 三千一百一　　辰巳 三千一百二
辰午 三千一百三　　辰未 三千一百四
辰申 三千一百五　　辰酉 三千一百六
辰戌 三千一百七　　辰亥 三千一百八

星癸 二百六十

辰子 三千一百九　　辰丑 三千一百一十
辰寅 三千一百一十一　　辰卯 三千一百一十二
辰辰 三千一百一十三　　辰巳 三千一百一十四
辰午 三千一百一十五　　辰未 三千一百一十六
辰申 三千一百一十七　　辰酉 三千一百一十八
辰戌 三千一百一十九　　辰亥 三千一百二十

星甲 二百六十一

辰子 三千一百二十一　　辰丑 三千一百二十二
辰寅 三千一百二十三　　辰卯 三千一百二十四

辰辰三千一百二十五　辰巳三千一百二十六

辰午三千一百二十七　辰未三千一百二十八

辰申三千一百二十九　辰酉三千一百三十

辰戌三千一百三十一　辰亥三千一百三十二

星乙二百六十二　辰子三千一百三十三　辰丑三千一百三十四

辰寅三千一百三十五　辰卯三千一百三十六

辰辰三千一百三十七　辰巳三千一百三十八

辰午三千一百三十九　辰未三千一百四十

辰申三千一百四十一　辰酉三千一百四十二

辰戌三千一百四十三　辰亥三千一百四十四

星丙二百六十三　辰子三千一百四十五　辰丑三千一百四十六

辰寅三千一百四十七　辰卯三千一百四十八

辰辰四千一百四十九　辰巳三千一百五十

辰午三千一百五十一　辰未三千一百五十二

辰申三千一百五十三　辰酉三千一百五十四

辰戌三千一百五十五　辰亥三千一百五十六

星丁二百六十四　辰子三千一百五十七　辰丑三千一百五十八

辰寅三千一百五十九　辰卯三千一百六十

辰辰三千一百六十一　辰巳三千一百六十二

辰午三千一百六十三　辰未三千一百六十四

辰申三千一百六十五　辰酉三千一百六十六

辰戌三千一百六十七　辰亥三千一百六十八

星戊二百六十五　辰子三千一百六十九　辰丑三千一百七十

辰寅三千一百七十一　辰卯三千一百七十二

辰辰三千一百七十三　辰巳三千一百七十四

辰午三千一百七十五　辰未三千一百七十六

辰申 _{三千一百七十七}　　辰酉 _{三千一百七十八}

辰戌 _{三千一百七十九}　　辰亥 _{三千一百八十}

星己 _{二百六十六}　辰子 _{三千一百八十一}　　辰丑 _{三千一百八十二}

辰寅 _{三千一百八十三}　　辰卯 _{三千一百八十四}

辰辰 _{三千一百八十五}　　辰巳 _{三千一百八十六}

辰午 _{三千一百八十七}　　辰未 _{三千一百八十八}

辰申 _{三千一百八十九}　　辰酉 _{三千一百九十}

辰戌 _{三千一百九十一}　　辰亥 _{三千一百九十二}

星庚 _{二百六十七}　辰子 _{三千一百九十三}　　辰丑 _{三千一百九十四}

辰寅 _{三千一百九十五}　　辰卯 _{三千一百九十六}

辰辰 _{三千一百九十七}　　辰巳 _{三千一百九十八}

辰午 _{三千一百九十九}　　辰未 _{三千二百}

辰申 _{三千二百一}　　辰酉 _{三千二百二}

辰戌 _{三千二百三}　　辰亥 _{三千二百四}

星辛 _{二百六十六}　辰子 _{三千二百五}　　辰丑 _{三千二百六}

辰寅 _{三千二百七}　　辰卯 _{三千二百八}

辰辰 _{三千二百九}　　辰巳 _{三千二百一十}

辰午 _{三千二百一十一}　　辰未 _{三千二百一十二}

辰申 _{三千二百一十三}　　辰酉 _{三千二百一十四}

辰戌 _{三千二百一十五}　　辰亥 _{三千二百一十六}

星壬 _{二百六十九}　辰子 _{三千二百一十七}　　辰丑 _{三千二百一十八}

辰寅 _{三千二百一十九}　　辰卯 _{三千二百二十}

辰辰 _{三千二百二十一}　　辰巳 _{三千二百二十二}

辰午 _{三千二百二十三}　　辰未 _{三千二百二十四}

辰申 _{三千二百二十五}　　辰酉 _{三千二百二十六}

辰戌 _{三千二百二十七}　　辰亥 _{三千二百二十八}

星癸_{二百七十}　　辰子_{三千二百二十九}　　　　辰丑_{三千二百三十}

辰寅_{三千二百三十一}　　　　辰卯_{三千二百三十二}

辰辰_{三千二百三十三}　　　　辰巳_{三千二百三十四}

辰午_{三千二百三十五}　　　　辰未_{三千二百三十六}

辰申_{三千二百三十七}　　　　辰酉_{三千二百三十八}

辰戌_{三千二百三十九}　　　　辰亥_{三千二百四十}

以元经会之十　观物篇之十

月酉_十

星甲_{二百七十一}　　辰子_{三千二百四十一}　　　　辰丑_{三千二百四十二}

辰寅_{三千二百四十三}　　　　辰卯_{三千二百四十四}

辰辰_{三千二百四十五}　　　　辰巳_{三千二百四十六}

辰午_{三千二百四十七}　　　　辰未_{三千二百四十八}

辰申_{三千二百四十九}　　　　辰酉_{三千二百五十}

辰戌_{三千二百五十一}　　　　辰亥_{三千二百五十二}

星乙_{二百七十二}　　辰子_{三千二百五十三}　　　　辰丑_{三千二百五十四}

辰寅_{三千二百五十五}　　　　辰卯_{三千二百五十六}

辰辰_{三千二百五十七}　　　　辰巳_{三千二百五十八}

辰午_{三千二百五十九}　　　　辰未_{三千二百六十}

辰申_{三千二百六十一}　　　　辰酉_{三千二百六十二}

辰戌_{三千二百六十三}　　　　辰亥_{三千二百六十四}

星丙_{二百七十三}　　辰子_{三千二百六十五}　　　　辰丑_{三千二百六十六}

辰寅_{三千二百六十七}　　　　辰卯_{三千二百六十八}

辰辰_{三千二百六十九}　　　　辰巳_{三千二百七十}

辰午_{三千二百七十一}　　　　辰未_{三千二百七十二}

辰申_{三千二百七十三}　　　　辰酉_{三千二百七十四}

辰戌 三千二百七十五　辰亥 三千二百七十六

星丁 二百七十四　辰子 三千二百七十七　辰丑 三千二百七十八

辰寅 三千二百七十九　辰卯 三千二百八十

辰辰 三千二百八十一　辰巳 三千二百八十二

辰午 三千二百八十三　辰未 三千二百八十四

辰申 三千二百八十五　辰酉 三千二百八十六

辰戌 三千二百八十七　辰亥 三千二百八十八

星戊 二百七十五　辰子 三千二百八十九　辰丑 三千二百九十

辰寅 三千二百九十一　辰卯 三千二百九十二

辰辰 三千二百九十三　辰巳 三千二百九十四

辰午 三千二百九十五　辰未 三千二百九十六

辰申 三千二百九十七　辰酉 三千二百九十八

辰戌 三千二百九十九　辰亥 三千三百

星己 二百七十六　辰子 三千三百一　辰丑 三千三百二

辰寅 三千三百三　辰卯 三千三百四

辰辰 三千三百五　辰巳 三千三百六

辰午 三千三百七　辰未 三千三百八

辰申 三千三百九　辰酉 三千三百一十

辰戌 三千三百一十一　辰亥 三千三百一十二

星庚 二百七十七　辰子 三千三百一十三　辰丑 三千三百一十四

辰寅 三千三百一十五　辰卯 三千三百一十六

辰辰 三千三百一十七　辰巳 三千三百一十八

辰午 三千三百一十九　辰未 三千三百二十

辰申 三千三百二十一　辰酉 三千三百二十二

辰戌 三千三百二十三　辰亥 三千三百二十四

星辛 二百七十八　辰子 三千三百二十五　辰丑 三千三百二十六

辰寅_{三千三百二十七}　　辰卯_{三千三百二十八}

辰寅三千三百二十七　辰卯三千三百二十八

辰辰三千三百二十九　辰巳三千三百三十

辰午三千三百三十一　辰未三千三百三十二

辰申三千三百三十三　辰酉三千三百三十四

辰戌三千三百三十五　辰亥三千三百三十六

星壬二百七十九　辰子三千三百三十七　辰丑三千三百三十八

辰寅三千三百三十九　辰卯三千三百四十

辰辰三千三百四十一　辰巳三千三百四十二

辰午三千三百四十三　辰未三千三百四十四

辰申三千三百四十五　辰酉三千三百四十六

辰戌三千三百四十七　辰亥三千三百四十八

星癸二百八十　辰子三千三百四十九　辰丑三千三百五十

辰寅三千三百五十一　辰卯三千三百五十二

辰辰三千三百五十三　辰巳三千三百五十四

辰午三千三百五十五　辰未三千三百五十六

辰申三千三百五十七　辰酉三千三百五十八

辰戌三千三百五十九　辰亥三千三百六十

星甲二百八十一　辰子三千三百六十一　辰丑三千三百六十二

辰寅三千三百六十三　辰卯三千三百六十四

辰辰三千三百六十五　辰巳三千三百六十六

辰午三千三百六十七　辰未三千三百六十八

辰申三千三百六十九　辰酉三千三百七十

辰戌三千三百七十一　辰亥三千三百七十二

星乙二百八十二　辰子三千三百七十三　辰丑三千三百七十四

辰寅三千三百七十五　辰卯三千三百七十六

辰辰三千三百七十七　辰巳三千三百七十八

辰午三千三百七十九　　　辰未 三千三百八十

辰申 三千三百八十一　　　辰酉 三千三百八十二

辰戌 三千三百八十三　　　辰亥 三千三百八十四

星丙 二百八十三　　辰子 三千三百八十五　　　辰丑 三千三百八十六

辰寅 三千三百八十七　　　辰卯 三千三百八十八

辰辰 三千三百八十九　　　辰巳 三千三百九十

辰午 三千三百九十一　　　辰未 三千三百九十二

辰申 三千三百九十三　　　辰酉 三千三百九十四

辰戌 三千三百九十五　　　辰亥 三千三百九十六

星丁 二百八十四　　辰子 三千三百九十七　　　辰丑 三千三百九十八

辰寅 三千三百九十九　　　辰卯 三千四百

辰辰 三千四百一　　　辰巳 三千四百二

辰午 三千四百三　　　辰未 三千四百四

辰申 三千四百五　　　辰酉 三千四百六

辰戌 三千四百七　　　辰亥 三千四百八

星戊 二百八十五　　辰子 三千四百九　　　辰丑 三千四百一十

辰寅 三千四百一十一　　　辰卯 三千四百一十二

辰辰 三千四百一十三　　　辰巳 三千四百一十四

辰午 三千四百一十五　　　辰未 三千四百一十六

辰申 三千四百一十七　　　辰酉 三千四百一十八

辰戌 三千四百一十九　　　辰亥 三千四百二十

星己 一百八十六　　辰子 三千四百二十一　　　辰丑 三千四百二十二

辰寅 三千四百二十三　　　辰卯 三千四百二十四

辰辰 三千四百二十五　　　辰巳 三千四百二十六

辰午 三千四百二十七　　　辰未 三千四百二十八

辰申 三千四百二十九　　　辰酉 三千四百三十

	辰戌三千四百三十一	辰亥三千四百三十二
星庚二百八十七	辰子三千四百三十三	辰丑三千四百三十四
	辰寅三千四百三十五	辰卯三千四百三十六
	辰辰三千四百三十七	辰巳三千四百三十八
	辰午三千四百三十九	辰未三千四百四十
	辰申三千四百四十一	辰酉三千四百四十二
	辰戌三千四百四十三	辰亥三千四百四十四
星辛二百八十八	辰子三千四百四十五	辰丑三千四百四十六
	辰寅三千四百四十七	辰卯三千四百四十八
	辰辰三千四百四十九	辰巳三千四百五十
	辰午三千四百五十一	辰未三千四百五十二
	辰申三千四百五十三	辰酉三千四百五十四
	辰戌三千四百五十五	辰亥三千四百五十六
星壬二百八十九	辰子三千四百五十七	辰丑三千四百五十八
	辰寅三千四百五十九	辰卯三千四百六十
	辰辰三千四百六十一	辰巳三千四百六十二
	辰午三千四百六十三	辰未三千四百六十四
	辰申三千四百六十五	辰酉三千四百六十六
	辰戌三千四百六十七	辰亥三千四百六十八
星癸二百九十	辰子三千四百六十九	辰丑三千四百七十
	辰寅三千四百七十一	辰卯三千四百七十二
	辰辰三千四百七十三	辰巳三千四百七十四
	辰午三千四百七十五	辰未三千四百七十六
	辰申三千四百七十七	辰酉三千四百七十八
	辰戌三千四百七十九	辰亥三千四百八十
星甲二百九十一	辰子三千四百八十一	辰丑三千四百八十二

辰寅三千四百八十三　　辰卯三千四百八十四

辰辰三千四百八十五　　辰巳三千四百八十六

辰午三千四百八十七　　辰未三千四百八十八

辰申三千四百八十九　　辰酉三千四百九十

辰戌三千四百九十一　　辰亥三千四百九十二

星乙二百九十二　辰子三千四百九十三　　辰丑三千四百九十四

辰寅三千四百九十五　　辰卯三千四百九十六

辰辰三千四百九十七　　辰巳三千四百九十八

辰午三千四百九十九　　辰未三千五百

辰申三千五百一　　辰酉三千五百二

辰戌三千五百三　　辰亥三千五百四

星丙二百九十三　辰子三千五百五　　辰丑三千五百六

辰寅三千五百七　　辰卯三千五百八

辰辰三千五百九　　辰巳三千五百一十

辰午三千五百一十一　　辰未三千五百一十二

辰申三千五百一十三　　辰酉三千五百一十四

辰戌三千五百一十五　　辰亥三千五百一十六

星丁二百九十四　辰子三千五百一十七　　辰丑三千五百一十八

辰寅三千五百一十九　　辰卯三千五百二十

辰辰三千五百二十一　　辰巳三千五百二十二

辰午三千五百二十三　　辰未三千五百二十四

辰申三千五百二十五　　辰酉三千五百二十六

辰戌三千五百二十七　　辰亥三千五百二十八

星戊二百九十五　辰子三千五百二十九　　辰丑三千五百三十

辰寅三千五百三十一　　辰卯三千五百三十二

辰辰三千五百三十三　　辰巳三千五百三十四

辰午三千五百三十五　　辰未三千五百三十六
辰申三千五百三十七　　辰酉三千五百三十八
辰戌三千五百三十九　　辰亥三千五百四十

星己二百九十六
辰子三千五百四十一　　辰丑三千五百四十二
辰寅三千五百四十三　　辰卯三千五百四十四
辰辰三千五百四十五　　辰巳三千五百四十六
辰午三千五百四十七　　辰未三千五百四十八
辰申三千五百四十九　　辰酉三千五百五十
辰戌三千五百五十一　　辰亥三千五百五十二

星庚二百九十七
辰子三千五百五十三　　辰丑三千五百五十四
辰寅三千五百五十五　　辰卯三千五百五十六
辰辰三千五百五十七　　辰巳三千五百五十八
辰午三千五百五十九　　辰未三千五百六十
辰申三千五百六十一　　辰酉三千五百六十二
辰戌三千五百六十三　　辰亥三千五百六十四

星辛二百九十八
辰子三千五百六十五　　辰丑三千五百六十六
辰寅三千五百六十七　　辰卯三千五百六十八
辰辰三千五百六十九　　辰巳三千五百七十
辰午三千五百七十一　　辰未三千五百七十二
辰申三千五百七十三　　辰酉三千五百七十四
辰戌三千五百七十五　　辰亥三千五百七十六

星壬二百九十九
辰子三千五百七十七　　辰丑三千五百七十八
辰寅三千五百七十九　　辰卯三千五百八十
辰辰三千五百八十一　　辰巳三千五百八十二
辰午三千五百八十三　　辰未三千五百八十四
辰申三千五百八十五　　辰酉三千五百八十六

	辰戌 三千五百八十七	辰亥 三千五百八十八
星癸 三百	辰子 三千五百八十九	辰丑 三千五百九十
	辰寅 三千五百九十一	辰卯 三千五百九十二
	辰辰 三千五百九十三	辰巳 三千五百九十四
	辰午 三千五百九十五	辰未 三千五百九十六
	辰申 三千五百九十七	辰酉 三千五百九十八
	辰戌 三千五百九十九	辰亥 三千六百

以元经会之十一　观物篇之十一

月戌 十一

星甲 三百一	辰子 三千六百一	辰丑 三千六百二
	辰寅 三千六百三	辰卯 三千六百四
	辰辰 三千六百五	辰巳 三千六百六
	辰午 三千六百七	辰未 三千六百八
	辰申 三千六百九	辰酉 三千六百一十
	辰戌 三千六百一十一	辰亥 三千六百一十二
星乙 三百二	辰子 三千六百一十三	辰丑 三千六百一十四
	辰寅 三千六百一十五	辰卯 三千六百一十六
	辰辰 三千六百一十七	辰巳 三千六百一十八
	辰午 三千六百一十九	辰未 三千六百二十
	辰申 三千六百二十一	辰酉 三千六百二十二
	辰戌 三千六百二十三	辰亥 三千六百二十四
星丙 三百三	辰子 三千六百二十五	辰丑 三千六百二十六
	辰寅 三千六百二十七	辰卯 三千六百二十八
	辰辰 三千六百二十九	辰巳 三千六百三十
	辰午 三千六百三十一	辰未 三千六百三十二

	辰申_{三千六百三十三}	辰酉_{三千六百三十四}
	辰戌_{三千六百三十五}	辰亥_{三千六百三十六}
星丁_{三百四}	辰子_{三千六百三十七}	辰丑_{三千六百三十八}
	辰寅_{三千六百三十九}	辰卯_{三千六百四十}
	辰辰_{三千六百四十一}	辰巳_{三千六百四十二}
	辰午_{三千六百四十三}	辰未_{三千六百四十四}
	辰申_{三千六百四十五}	辰酉_{三千六百四十六}
	辰戌_{三千六百四十七}	辰亥_{三千六百四十八}
星戊_{三百五}	辰子_{三千六百四十九}	辰丑_{三千六百五十}
	辰寅_{三千六百五十一}	辰卯_{三千六百五十二}
	辰辰_{三千六百五十三}	辰巳_{三千六百五十四}
	辰午_{三千六百五十五}	辰未_{三千六百五十六}
	辰申_{三千六百五十七}	辰酉_{三千六百五十八}
	辰戌_{三千六百五十九}	辰亥_{三千六百六十}
星己_{三百六}	辰子_{三千六百六十一}	辰丑_{三千六百六十二}
	辰寅_{三千六百六十三}	辰卯_{三千六百六十四}
	辰辰_{三千六百六十五}	辰巳_{三千六百六十六}
	辰午_{三千六百六十七}	辰未_{三千六百六十八}
	辰申_{三千六百六十九}	辰酉_{三千六百七十}
	辰戌_{三千六百七十一}	辰亥_{三千六百七十二}
星庚_{三百七}	辰子_{三千六百七十三}	辰丑_{三千六百七十四}
	辰寅_{三千六百七十五}	辰卯_{三千六百七十六}
	辰辰_{三千六百七十七}	辰巳_{三千六百七十八}
	辰午_{三千六百七十九}	辰未_{三千六百八十}
	辰申_{三千六百八十一}	辰酉_{三千六百八十二}
	辰戌_{三千六百八十三}	辰亥_{三千六百八十四}

星辛_{三百八}	辰子_{三千六百八十五}	辰丑_{三千六百八十六}
	辰寅_{三千六百八十七}	辰卯_{三千六百八十八}
	辰辰_{三千六百八十九}	辰巳_{三千六百九十}
	辰午_{三千六百九十一}	辰未_{三千六百九十二}
	辰申_{三千六百九十三}	辰酉_{三千六百九十四}
	辰戌_{三千六百九十五}	辰亥_{三千六百九十六}
星壬_{三百九}	辰子_{三千六百九十七}	辰丑_{三千六百九十八}
	辰寅_{三千六百九十九}	辰卯_{三千七百}
	辰辰_{三千七百一}	辰巳_{三千七百二}
	辰午_{三千七百三}	辰未_{三千七百四}
	辰申_{三千七百五}	辰酉_{三千七百六}
	辰戌_{三千七百七}	辰亥_{三千七百八}
星癸_{三百一十}	辰子_{三千七百九}	辰丑_{三千七百一十}
	辰寅_{三千七百一十一}	辰卯_{三千七百一十二}
	辰辰_{三千七百一十三}	辰巳_{三千七百一十四}
	辰午_{三千七百一十五}	辰未_{三千七百一十六}
	辰申_{三千七百一十七}	辰酉_{三千七百一十八}
	辰戌_{三千七百一十九}	辰亥_{三千七百二十}
星甲_{三百一十一}	辰子_{三千七百二十一}	辰丑_{三千七百二十二}
	辰寅_{三千七百二十三}	辰卯_{三千七百二十四}
	辰辰_{三千七百二十五}	辰巳_{三千七百二十六}
	辰午_{三千七百二十七}	辰未_{三千七百二十八}
	辰申_{三千七百二十九}	辰酉_{三千七百三十}
	辰戌_{三千七百三十一}	辰亥_{三千七百三十二}
星乙_{三百一十二}	辰子_{三千七百三十三}	辰丑_{三千七百三十四}
	辰寅_{三千七百三十五}	辰卯_{三千七百三十六}

辰辰三千七百三十七　辰巳三千七百三十八

辰午三千七百三十九　辰未三千七百四十

辰申三千七百四十一　辰酉三千七百四十二

辰戌三千七百四十三　辰亥三千七百四十四

星丙三百一十三　辰子三千七百四十五　辰丑三千七百四十六

辰寅三千七百四十七　辰卯三千七百四十八

辰辰三千七百四十九　辰巳三千七百五十

辰午三千七百五十一　辰未三千七百五十二

辰申三千七百五十三　辰酉三千七百五十四

辰戌三千七百五十五　辰亥三千七百五十六

星丁三百一十四　辰子三千七百五十七　辰丑三千七百五十八

辰寅三千七百五十九　辰卯三千七百六十

辰辰三千七百六十一　辰巳三千七百六十二

辰午三千七百六十三　辰未三千七百六十四

辰申三千七百六十五　辰酉三千七百六十六

辰戌三千七百六十七　辰亥三千七百六十八

星戊三百一十五　辰子三千七百六十九　辰丑三千七百七十

辰寅三千七百七十一　辰卯三千七百七十二

辰辰三千七百七十三　辰巳三千七百七十四

辰午三千七百七十五　辰未三千七百七十六

辰申三千七百七十七　辰酉三千七百七十八

辰戌三千七百七十九　辰亥三千七百八十

星己三百一十六　辰子三千七百八十一　辰丑三千七百八十二

辰寅三千七百八十三　辰卯三千七百八十四

辰辰三千七百八十五　辰巳三千七百八十六

辰午三千七百八十七　辰未三千七百八十八

辰申_{三千七百八十九}　　　　辰酉_{三千七百九十}

辰戌_{三千七百九十一}　　　　辰亥_{三千七百九十二}

星庚_{三百一十七}　辰子_{三千七百九十三}　　　　辰丑_{三千七百九十四}

辰寅_{三千七百九十五}　　　　辰卯_{三千七百九十六}

辰辰_{三千七百九十七}　　　　辰巳_{三千七百九十八}

辰午_{三千七百九十九}　　　　辰未_{三千八百}

辰申_{三千八百一}　　　　辰酉_{三千八百二}

辰戌_{三千八百三}　　　　辰亥_{三千八百四}

星辛_{三百一十八}　辰子_{三千八百五}　　　　辰丑_{三千八百六}

辰寅_{三千八百七}　　　　辰卯_{三千八百八}

辰辰_{三千八百九}　　　　辰巳_{三千八百一十}

辰午_{三千八百一十一}　　　　辰未_{三千八百一十二}

辰申_{三千八百一十三}　　　　辰酉_{三千八百一十四}

辰戌_{三千八百一十五}　　　　辰亥_{三千八百一十六}

星壬_{三百一十九}　辰子_{三千八百一十七}　　　　辰丑_{三千八百一十八}

辰寅_{三千八百一十九}　　　　辰卯_{三千八百二十}

辰辰_{三千八百二十一}　　　　辰巳_{三千八百二十二}

辰午_{三千八百二十三}　　　　辰未_{三千八百二十四}

辰申_{三千八百二十五}　　　　辰酉_{三千八百二十六}

辰戌_{三千八百二十七}　　　　辰亥_{三千八百二十八}

星癸_{三百二十}　辰子_{三千八百二十九}　　　　辰丑_{三千八百三十}

辰寅_{三千八百三十一}　　　　辰卯_{三千八百三十二}

辰辰_{三千八百三十三}　　　　辰巳_{三千八百三十四}

辰午_{三千八百三十五}　　　　辰未_{三千八百三十六}

辰申_{三千八百三十七}　　　　辰酉_{三千八百三十八}

辰戌_{三千八百三十九}　　　　辰亥_{三千八百四十}

星甲_{三百二十一}

辰子_{三千八百四十一}　　辰丑_{三千八百四十二}

辰寅_{三千八百四十三}　　辰卯_{三千八百四十四}

辰辰_{三千八百四十五}　　辰巳_{三千八百四十六}

辰午_{三千八百四十七}　　辰未_{三千八百四十八}

辰申_{三千八百四十九}　　辰酉_{三千八百五十}

辰戌_{三千八百五十一}　　辰亥_{三千八百五十二}

星乙_{三百二十二}

辰子_{三千八百五十三}　　辰丑_{三千八百五十四}

辰寅_{三千八百五十五}　　辰卯_{三千八百五十六}

辰辰_{三千八百五十七}　　辰巳_{三千八百五十八}

辰午_{三千八百五十九}　　辰未_{三千八百六十}

辰申_{三千八百六十一}　　辰酉_{三千八百六十二}

辰戌_{三千八百六十三}　　辰亥_{三千八百六十四}

星丙_{三百二十三}

辰子_{三千八百六十五}　　辰丑_{三千八百六十六}

辰寅_{三千八百六十七}　　辰卯_{三千八百六十八}

辰辰_{三千八百六十九}　　辰巳_{三千八百七十}

辰午_{三千八百七十一}　　辰未_{三千八百七十二}

辰申_{三千八百七十三}　　辰酉_{三千八百七十四}

辰戌_{三千八百七十五}　　辰亥_{三千八百七十六}

星丁_{三百二十四}

辰子_{三千八百七十七}　　辰丑_{三千八百七十八}

辰寅_{三千八百七十九}　　辰卯_{三千八百八十}

辰辰_{三千八百八十一}　　辰巳_{三千八百八十二}

辰午_{三千八百八十三}　　辰未_{三千八百八十四}

辰申_{三千八百八十五}　　辰酉_{三千八百八十六}

辰戌_{三千八百八十七}　　辰亥_{三千八百八十八}

星戊_{三百二十五}

辰子_{三千八百八十九}　　辰丑_{三千八百九十}

辰寅_{三千八百九十一}　　辰卯_{三千八百九十二}

辰辰_{三千八百九十三}　　辰巳_{三千八百九十四}

辰午_{三千八百九十五}　　辰未_{三千八百九十六}

辰申_{三千八百九十七}　　辰酉_{三千八百九十八}

辰戌_{三千八百九十九}　　辰亥_{三千九百}

星己_{三百二十六}　辰子_{三千九百一}　　辰丑_{三千九百二}

辰寅_{三千九百三}　　辰卯_{三千九百四}

辰辰_{三千九百五}　　辰巳_{三千九百六}

辰午_{三千九百七}　　辰未_{三千九百八}

辰申_{三千九百九}　　辰酉_{三千九百一十}

辰戌_{三千九百一十一}　　辰亥_{三千九百一十二}

星庚_{三百二十七}　辰子_{三千九百一十三}　　辰丑_{三千九百一十四}

辰寅_{三千九百一十五}　　辰卯_{三千九百一十六}

辰辰_{三千九百一十七}　　辰巳_{三千九百一十八}

辰午_{三千九百一十九}　　辰未_{三千九百二十}

辰申_{三千九百二十一}　　辰酉_{三千九百二十二}

辰戌_{三千九百二十三}　　辰亥_{三千九百二十四}

星辛_{三百二十八}　辰子_{三千九百二十五}　　辰丑_{三千九百二十六}

辰寅_{三千九百二十七}　　辰卯_{三千九百二十八}

辰辰_{三千九百二十九}　　辰巳_{三千九百三十}

辰午_{三千九百三十一}　　辰未_{三千九百三十二}

辰申_{三千九百三十三}　　辰酉_{三千九百三十四}

辰戌_{三千九百三十五}　　辰亥_{三千九百三十六}

星壬_{三百二十九}　辰子_{三千九百三十七}　　辰丑_{三千九百三十八}

辰寅_{三千九百三十九}　　辰卯_{三千九百四十}

辰辰_{三千九百四十一}　　辰巳_{三千九百四十二}

辰午_{三千九百四十三}　　辰未_{三千九百四十四}

辰申_{三千九百四十五}　　辰酉_{三千九百四十六}

辰戌_{三千九百四十七}　　辰亥_{三千九百四十八}

星癸_{三百三十}　辰子_{三千九百四十九}　　辰丑_{三千九百五十}

辰寅_{三千九百五十一}　　辰卯_{三千九百五十二}

辰辰_{三千九百五十三}　　辰巳_{三千九百五十四}

辰午_{三千九百五十五}　　辰未_{三千九百五十六}

辰申_{三千九百五十七}　　辰酉_{三千九百五十八}

辰戌_{三千九百五十九}　　辰亥_{三千九百六十}

以元经会之十二　观物篇之十二

月亥_{十二}

星甲_{三百三十一}　辰子_{三千九百六十一}　　辰丑_{三千九百六十二}

辰寅_{三千九百六十三}　　辰卯_{三千九百六十四}

辰辰_{三千九百六十五}　　辰巳_{三千九百六十六}

辰午_{三千九百六十七}　　辰未_{三千九百六十八}

辰申_{三千九百六十九}　　辰酉_{三千九百七十}

辰戌_{三千九百七十一}　　辰亥_{三千九百七十二}

星乙_{三百三十二}　辰子_{三千九百七十三}　　辰丑_{三千九百七十四}

辰寅_{三千九百七十五}　　辰卯_{三千九百七十六}

辰辰_{三千九百七十七}　　辰巳_{三千九百七十八}

辰午_{三千九百七十九}　　辰未_{三千九百八十}

辰申_{三千九百八十一}　　辰酉_{三千九百八十二}

辰戌_{三千九百八十三}　　辰亥_{三千九百八十四}

星丙_{三百三十三}　辰子_{三千九百八十五}　　辰丑_{三千九百八十六}

辰寅_{三千九百八十七}　　辰卯_{三千九百八十八}

辰辰_{三千九百八十九}　　辰巳_{三千九百九十}

	辰午三千九百九十一	辰未三千九百九十二
	辰申三千九百九十三	辰酉三千九百九十四
	辰戌三千九百九十五	辰亥三千九百九十六
星丁三百三十四	辰子三千九百九十七	辰丑三千九百九十八
	辰寅三千九百九十九	辰卯四千
	辰辰四千一	辰巳四千二
	辰午四千三	辰未四千四
	辰申四千五	辰酉四千六
	辰戌四千七	辰亥四千八
星戊三百三十五	辰子四千九	辰丑四千一十
	辰寅四千一十一	辰卯四千一十二
	辰辰四千一十三	辰巳四千一十四
	辰午四千一十五	辰未四千一十六
	辰申四千一十七	辰酉四千一十八
	辰戌四千一十九	辰亥四千二十
星己三百三十六	辰子四千二十一	辰丑四千二十二
	辰寅四千二十三	辰卯四千二十四
	辰辰四千二十五	辰巳四千二十六
	辰午四千二十七	辰未四千二十八
	辰申四千二十九	辰酉四千三十
	辰戌四千三十一	辰亥四千三十二
星庚三百三十七	辰子四千三十三	辰丑四千三十四
	辰寅四千三十五	辰卯四千三十六
	辰辰四千三十七	辰巳四千三十八
	辰午四千三十九	辰未四千四十
	辰申四千四十一	辰酉四千四十二

	辰戌四千四十三	辰亥 四千四十四
星辛 三百三十八	辰子 四千四十五	辰丑 四千四十六
	辰寅 四千四十七	辰卯 四千四十八
	辰辰 四千四十九	辰巳 四千五十
	辰午 四千五十一	辰未 四千五十二
	辰申 四千五十三	辰酉 四千五十四
	辰戌 四千五十五	辰亥 四千五十六
星壬 三百三十九	辰子 四千五十七	辰丑 四千五十八
	辰寅 四千五十九	辰卯 四千六十
	辰辰 四千六十一	辰巳 四千六十二
	辰午 四千六十三	辰未 四千六十四
	辰申 四千六十五	辰酉 四千六十六
	辰戌 四千六十七	辰亥 四千六十八
星癸 三百四十	辰子 四千六十九	辰丑 四千七十
	辰寅 四千七十一	辰卯 四千七十二
	辰辰 四千七十三	辰巳 四千七十四
	辰午 四千七十五	辰未 四千七十六
	辰申 四千七十七	辰酉 四千七十八
	辰戌 四千七十九	辰亥 四千八十
星甲 三百四十一	辰子 四千八十一	辰丑 四千八十二
	辰寅 四千八十三	辰卯 四千八十四
	辰辰 四千八十五	辰巳 四千八十六
	辰午 四千八十七	辰未 四千八十八
	辰申 四千八十九	辰酉 四千九十
	辰戌 四千九十一	辰亥 四千九十二
星乙 三百四十二	辰子 四千九十三	辰丑 四千九十四

	辰寅_{四千九十五}	辰卯_{四千九十六}

辰寅 四千九十五　辰卯 四千九十六

辰辰 四千九十七　辰巳 四千九十八

辰午 四千九十九　辰未 四千一百

辰申 四千一百一　辰酉 四千一百二

辰戌 四千一百三　辰亥 四千一百四

星丙 三百四十三　辰子 四千一百五　辰丑 四千一百六

辰寅 四千一百七　辰卯 四千一百八

辰辰 四千一百九　辰巳 四千一百一十

辰午 四千一百一十一　辰未 四千一百一十二

辰申 四千一百一十三　辰酉 四千一百一十四

辰戌 四千一百一十五　辰亥 四千一百一十六

星丁 三百四十四　辰子 四千一百一十七　辰丑 四千一百一十八

辰寅 四千一百一十九　辰卯 四千一百二十

辰辰 四千一百二十一　辰巳 四千一百二十二

辰午 四千一百二十三　辰未 四千一百二十四

辰申 四千一百二十五　辰酉 四千一百二十六

辰戌 四千一百二十七　辰亥 四千一百二十八

星戊 三百四十五　辰子 四千一百二十九　辰丑 四千一百三十

辰寅 四千一百三十一　辰卯 四千一百三十二

辰辰 四千一百三十三　辰巳 四千一百三十四

辰午 四千一百三十五　辰未 四千一百三十六

辰申 四千一百三十七　辰酉 四千一百三十八

辰戌 四千一百三十九　辰亥 四千一百四十

星己 三百四十六　辰子 四千一百四十一　辰丑 四千一百四十二

辰寅 四千一百四十三　辰卯 四千一百四十四

辰辰 四千一百四十五　辰巳 四千一百四十六

辰午四千一百四十七　　辰未 四千一百四十八

辰申 四千一百四十九　　辰酉 四千一百五十

辰戌 四千一百五十一　　辰亥 四千一百五十二

星庚 三百四十七　辰子 四千一百五十三　　辰丑 四千一百五十四

辰寅 四千一百五十五　　辰卯 四千一百五十六

辰辰 四千一百五十七　　辰巳 四千一百五十八

辰午 四千一百五十九　　辰未 四千一百六十

辰申 四千一百六十一　　辰酉 四千一百六十二

辰戌 四千一百六十三　　辰亥 四千一百六十四

星辛 三百四十八　辰子 四千一百六十五　　辰丑 四千一百六十六

辰寅 四千一百六十七　　辰卯 四千一百六十八

辰辰 四千一百六十九　　辰巳 四千一百七十

辰午 四千一百七十一　　辰未 四千一百七十二

辰申 四千一百七十三　　辰酉 四千一百七十四

辰戌 四千一百七十五　　辰亥 四千一百七十六

星壬 三百四十九　辰子 四千一百七十七　　辰丑 四千一百七十八

辰寅 四千一百七十九　　辰卯 四千一百八十

辰辰 四千一百八十一　　辰巳 四千一百八十二

辰午 四千一百八十三　　辰未 四千一百八十四

辰申 四千一百八十五　　辰酉 四千一百八十六

辰戌 四千一百八十七　　辰亥 四千一百八十八

星癸 三百五十　辰子 四千一百八十九　　辰丑 四千一百九十

辰寅 四千一百九十一　　辰卯 四千一百九十二

辰辰 四千一百九十三　　辰巳 四千一百九十四

辰午 四千一百九十五　　辰未 四千一百九十六

辰申 四千一百九十七　　辰酉 四千一百九十八

辰戌四千一百九十九　　　辰亥四千二百

星甲三百五十一
辰子四千二百一　　　辰丑四千二百二
辰寅四千二百三　　　辰卯四千二百四
辰辰四千二百五　　　辰巳四千二百六
辰午四千二百七　　　辰未四千二百八
辰申四千二百九　　　辰酉四千二百一十
辰戌四千二百一十一　　　辰亥四千二百一十二

星乙三百五十二
辰子四千二百一十三　　　辰丑四千二百一十四
辰寅四千二百一十五　　　辰卯四千二百一十六
辰辰四千二百一十七　　　辰巳四千二百一十八
辰午四千二百一十九　　　辰未四千二百二十
辰申四千二百二十一　　　辰酉四千二百二十二
辰戌四千二百二十三　　　辰亥四千二百二十四

星丙三百五十三
辰子四千二百二十五　　　辰丑四千二百二十六
辰寅四千二百二十七　　　辰卯四千二百二十八
辰辰四千二百二十九　　　辰巳四千二百三十
辰午四千二百三十一　　　辰未四千二百三十二
辰申四千二百三十三　　　辰酉四千二百三十四
辰戌四千二百三十五　　　辰亥四千二百三十六

星丁三百五十四
辰子四千二百三十七　　　辰丑四千二百三十八
辰寅四千二百三十九　　　辰卯四千二百四十
辰辰四千二百四十一　　　辰巳四千二百四十二
辰午四千二百四十三　　　辰未四千二百四十四
辰申四千二百四十五　　　辰酉四千二百四十六
辰戌四千二百四十七　　　辰亥四千二百四十八

星戊三百五十五
辰子四千二百四十九　　　辰丑四千二百五十

星	辰（左）	辰（右）
	辰寅 四千二百五十一	辰卯 四千二百五十二
	辰辰 四千二百五十三	辰巳 四千二百五十四
	辰午 四千二百五十五	辰未 四千二百五十六
	辰申 四千二百五十七	辰酉 四千二百五十八
	辰戌 四千二百五十九	辰亥 四千二百六十
星己 三百五十六	辰子 四千二百六十一	辰丑 四千二百六十二
	辰寅 四千二百六十三	辰卯 四千二百六十四
	辰辰 四千二百六十五	辰巳 四千二百六十六
	辰午 四千二百六十七	辰未 四千二百六十八
	辰申 四千二百六十九	辰酉 四千二百七十
	辰戌 四千二百七十一	辰亥 四千二百七十二
星庚 三百五十七	辰子 四千二百七十三	辰丑 四千二百七十四
	辰寅 四千二百七十五	辰卯 四千二百七十六
	辰辰 四千二百七十七	辰巳 四千二百七十八
	辰午 四千二百七十九	辰未 四千二百八十
	辰申 四千二百八十一	辰酉 四千二百八十二
	辰戌 四千二百八十三	辰亥 四千二百八十四
星辛 三百五十八	辰子 四千二百八十五	辰丑 四千二百八十六
	辰寅 四千二百八十七	辰卯 四千二百八十八
	辰辰 四千二百八十九	辰巳 四千二百九十
	辰午 四千二百九十一	辰未 四千二百九十二
	辰申 四千二百九十三	辰酉 四千二百九十四
	辰戌 四千二百九十五	辰亥 四千二百九十六
星壬 三百五十九	辰子 四千二百九十七	辰丑 四千二百九十八
	辰寅 四千二百九十九	辰卯 四千三百
	辰辰 四千三百一	辰巳 四千三百二

辰午_{四千三百三}　　　　辰未_{四千三百四}

辰申_{四千三百五}　　　　辰酉_{四千三百六}

辰戌_{四千三百七}　　　　辰亥_{四千三百八}

星癸_{三百六十}　辰子_{四千三百九}　　　　辰丑_{四千三百一十}

辰寅_{四千三百一十一}　　　辰卯_{四千三百一十二}

辰辰_{四千三百一十三}　　　辰巳_{四千三百一十四}

辰午_{四千三百一十五}　　　辰未_{四千三百一十六}

辰申_{四千三百一十七}　　　辰酉_{四千三百一十八}

辰戌_{四千三百一十九}　　　辰亥_{四千三百二十}

皇极经世卷第三

以会经运之一　观物篇之十三

开物始月寅之中经星之己七十六

经星之己_{七十六}

经星之庚_{七十七}

经星之辛_{七十八}

经星之壬_{七十九}

经星之癸_{八十}

经星之甲_{八十一}

经星之乙_{八十二}

经星之丙_{八十三}

经星之丁_{八十四}

经星之戊_{八十五}

经星之己_{八十六}

经星之庚_{八十七}

经星之辛_{八十八}

经星之壬_{八十九}

经星之癸_{九十}

　经日之甲一

　经月之卯四

　经星之甲九十一

经星之甲 _{九十一}

经星之乙 _{九十二}

经星之丙 _{九十三}

经星之丁 _{九十四}

经星之戊 _{九十五}

经星之己 _{九十六}

经星之庚 _{九十七}

经星之辛 _{九十八}

经星之壬 _{九十九}

经星之癸 _{一百}

经星之甲 _{一百一}

经星之乙 _{一百二}

经星之丙 _{一百三}

经星之丁 _{一百四}

经星之戊 _{一百五}

经星之己 _{一百六}

经星之庚 _{一百七}

经星之辛 _{一百八}

经星之壬 _{一百九}

经星之癸 _{一百十}

经星之甲 _{一百一十一}

经星之乙 _{一百一十二}

经星之丙 _{一百一十三}

经星之丁 _{一百一十四}

经星之戊 _{一百一十五}

经星之己 _{一百一十六}

经星之癸一百四十

经星之甲一百四十一

经星之乙一百四十二

经星之丙一百四十三

经星之丁一百四十四

经星之戊一百四十五

经星之己一百四十六

经星之庚一百四十七

经星之辛一百四十八

经星之壬一百四十九

经星之癸一百五十

　经日之甲一

　经月之巳六

　经星之甲一百五十一

经星之甲一百五十一

经星之乙一百五十二

经星之丙一百五十三

经星之丁一百五十四

经星之戊一百五十五

经星之己一百五十六

经星之庚一百五十七

经星之辛一百五十八

经星之壬一百五十九

经星之癸一百六十

经星之甲一百六十一

经星之乙一百六十二

经星之丙一百六十三

经星之丁一百六十四

经星之戊一百六十五

经星之己一百六十六

经星之庚一百六十七

经星之辛一百六十八

经星之壬一百六十九

经星之癸一百七十

经星之甲一百七十一

经星之乙一百七十二

经星之丙一百七十三

经星之丁一百七十四

经星之戊一百七十五

经星之己一百七十六

经星之庚一百七十七

经星之辛一百七十八

经星之壬一百七十九

经星之癸一百八十

　　经日之甲一

　　经月之巳六

　　经星之癸一百八十

　　经辰之子二千一百四十九

经辰之子二千一百四十九①

经辰之丑二千一百五十

———————

① 自此列"经辰之子"至以下"经辰之亥"十二列，四库本无。

经辰之寅二千一百五十一

经辰之卯二千一百五十二

经辰之辰二千一百五十三

经辰之巳二千一百五十四

经辰之午二千一百五十五

经辰之未二千一百五十六

经辰之申二千一百五十七

经辰之酉二千一百五十八

经辰之戌二千一百五十九

经辰之亥二千一百六十

以会经运之二　观物篇之十四

经日之甲一

经月之巳六

经星之癸一百八十

经辰之子二千一百四十九

甲子	乙丑	丙寅	丁卯	戊辰
己巳	庚午	辛未	壬申	癸酉
甲戌	乙亥	丙子	丁丑	戊寅
己卯	庚辰	辛巳	壬午	癸未
甲申	乙酉	丙戌	丁亥	戊子
己丑	庚寅	辛卯	壬辰	癸巳

经辰之丑二千一百五十

甲午	乙未	丙申	丁酉	戊戌
己亥	庚子	辛丑	壬寅	癸卯
甲辰	乙巳	丙午	丁未	戊申

己酉	庚戌	辛亥	壬子	癸丑
甲寅	乙卯	丙辰	丁巳	戊午
己未	庚申	辛酉	壬戌	癸亥

经辰之寅二千一百五十一

甲子	乙丑	丙寅	丁卯	戊辰
己巳	庚午	辛未	壬申	癸酉
甲戌	乙亥	丙子	丁丑	戊寅
己卯	庚辰	辛巳	壬午	癸未
甲申	乙酉	丙戌	丁亥	戊子
己丑	庚寅	辛卯	壬辰	癸巳

经辰之卯二千一百五十二

甲午	乙未	丙申	丁酉	戊戌
己亥	庚子	辛丑	壬寅	癸卯
甲辰	乙巳	丙午	丁未	戊申
己酉	庚戌	辛亥	壬子	癸丑
甲寅	乙卯	丙辰	丁巳	戊午
己未	庚申	辛酉	壬戌	癸亥

经辰之辰二千一百五十三

甲子	乙丑	丙寅	丁卯	戊辰
己巳	庚午	辛未	壬申	癸酉
甲戌	乙亥	丙子	丁丑	戊寅
己卯	庚辰	辛巳	壬午	癸未
甲申	乙酉	丙戌	丁亥	戊子
己丑	庚寅	辛卯	壬辰	癸巳

经辰之巳二千一百五十四

甲午	乙未	丙申	丁酉	戊戌

己亥	庚子	辛丑	壬寅	癸卯
甲辰	乙巳	丙午	丁未	戊申
己酉	庚戌	辛亥	壬子	癸丑
甲寅	乙卯	丙辰	丁巳	戊午
己未	庚申	辛酉	壬戌	癸亥

经辰之午二千一百五十五

甲子	乙丑	丙寅	丁卯	戊辰
己巳	庚午	辛未	壬申	癸酉
甲戌	乙亥	丙子	丁丑	戊寅
己卯	庚辰	辛巳	壬午	癸未
甲申	乙酉	丙戌	丁亥	戊子
己丑	庚寅	辛卯	壬辰	癸巳

经辰之未二千一百五十六

甲午	乙未	丙申	丁酉	戊戌
己亥	庚子	辛丑	壬寅	癸卯
甲辰唐尧	乙巳二	丙午三	丁未四	戊申五
己酉六	庚戌七	辛亥八	壬子九	癸丑十
甲寅十一	乙卯十二	丙辰十三	丁巳十四	戊午十五
己未十六	庚申十七	辛酉十八	壬戌十九	癸亥二十

经辰之申二千一百五十七

甲子二十一	乙丑二十二	丙寅二十三	丁卯二十四	戊辰二十五
己巳二十六	庚午二十七	辛未二十八	壬申二十九	癸酉三十
甲戌三十一	乙亥三十二	丙子三十三	丁丑三十四	戊寅三十五
己卯三十六	庚辰三十七	辛巳三十八	壬午三十九	癸未四十
甲申四十一	乙酉四十二	丙戌四十三	丁亥四十四	戊子四十五
己丑四十六	庚寅四十七	辛卯四十八	壬辰四十九	癸巳五十

经辰之酉二千一百五十八

甲午五十一　　乙未五十二　　丙申五十三　　丁酉五十四　　戊戌五十五

己亥五十六　　庚子五十七　　辛丑五十八　　壬寅五十九　　癸卯六十

甲辰六十一 洪水方割,命鲧治之。　　　　乙巳六十二　　丙午六十三　　丁未六十四

戊申六十五　　己酉六十六　　庚戌六十七　　辛亥六十八　　壬子六十九

癸丑七十 征① 舜登用。　　甲寅七十一　　乙卯七十二 荐舜于天命之位。　丙辰虞舜 正月上日,舜受命于文祖。

丁巳二　　戊午三　　己未四　　庚申五　　辛酉六

壬戌七　　癸亥八

经辰之戌二千一百五十九

甲子九　　乙丑十　　丙寅十一　　丁卯十二　　戊辰十三

己巳十四　　庚午十五　　辛未十六　　壬申十七　　癸酉十八

甲戌十九　　乙亥二十　　丙子二十一　　丁丑二十二　　戊寅二十三

己卯二十四　　庚辰二十五　　辛巳二十六　　壬午二十七　　癸未二十八 帝尧殂落。

甲申二十九　　乙酉三十　　丙戌三十一 月正元日,舜格于文祖。　　丁亥三十二

戊子三十三　　己丑三十四　　庚寅三十五　　辛卯三十六　　壬辰三十七

癸巳三十八

经辰之亥二千一百六十

甲午三十九　　乙未四十　　丙申四十一　　丁酉四十二　　戊戌四十三

己亥四十四　　庚子四十五　　辛丑四十六　　壬寅四十七　　癸卯四十八

甲辰四十九　　乙巳五十　　丙午五十一　　丁未五十二　　戊申五十三

己酉五十四　　庚戌五十五　　辛亥五十六　　壬子五十七　　癸丑五十八

甲寅五十九　　乙卯六十　　丙辰六十一 荐禹于天命之位。　丁巳夏禹 正月朔日,受命于神宗。

戊午二　　己未三　　庚申四　　辛酉五　　壬戌六

癸亥七

---

① "用",四库本作"庸"。

以会经运之三　观物篇之十五

经日之甲一

经月之午七

经星之甲一百八十一

经辰之子二千一百六十一

甲子八	乙丑九	丙寅十	丁卯十一	戊辰十二
己巳十三	庚午十四	辛未十五	壬申十六	癸酉十七①
甲戌十八	乙亥十九	丙子二十	丁丑二十一	戊寅二十二
己卯二十三	庚辰二十四	辛巳二十五	壬午二十六	癸未二十七 东巡,至于会稽崩。
甲申夏启	乙酉二	丙戌三	丁亥四	戊子五
己丑六	庚寅七	辛卯八	壬辰九	癸巳夏太康

经辰之丑二千一百六十二

甲午二	乙未三	丙申四	丁酉五	戊戌六
己亥七	庚子八	辛丑九	壬寅十	癸卯十一
甲辰十二	乙巳十三	丙午十四	丁未十五	戊申十六
己酉十七	庚戌十八	辛亥十九	壬子二十	癸丑二十一
甲寅二十二	乙卯二十三	丙辰二十四	丁巳二十五	戊午二十六
己未二十七	庚申二十八	辛酉二十九 太康失邦,有穷后羿拒于河而死。		壬戌夏仲康
癸亥二				

经辰之寅二千一百六十三

甲子三	乙丑四	丙寅五	丁卯六	戊辰七
己巳八	庚午九	辛未十	壬申十一	癸酉十二
甲戌十三	乙亥夏相	丙子二	丁丑三	戊寅四

---

① "十七"下,四库本有"舜陟方乃死"五字。

己卯五	庚辰六	辛巳七	壬午八	癸未九
甲申十	乙酉十一	丙戌十二	丁亥十三	戊子十四
己丑十五	庚寅十六	辛卯十七	壬辰十八	癸巳十九

经辰之卯二千一百六十四

甲午二十	乙未二十一	丙申二十二	丁酉二十三	戊戌二十四
己亥二十五	庚子二十六	辛丑二十七		

壬寅二十八　寒浞杀有穷后羿，代立，使子浇及豷伐斟灌、斟鄩氏，灭相，封浇于过，封豷于戈。相之臣靡遁于有鬲氏①，相之后缗还于有仍氏，始生少康。　　　　癸卯夏少康始生。二②

甲辰③	乙巳四	丙午五	丁未六	戊申七
己酉八	庚戌九	辛亥十	壬子十一	癸丑十二
甲寅十三	乙卯十四	丙辰十五	丁巳十六	戊午十七
己未十八	庚申十九	辛酉二十	壬戌二十一	癸亥二十二

经辰之辰二千一百六十五

甲子二十三	乙丑二十四	丙寅二十五	丁卯二十六	戊辰二十七
己巳二十八	庚午二十九	辛未三十	壬申三十一	癸酉三十二
甲戌三十三	乙亥三十四	丙子三十五	丁丑三十六	戊寅三十七
己卯三十八	庚辰三十九	辛巳四十④		

壬午　夏少康立。夏之臣靡自有鬲收斟灌、斟鄩之烬以灭浞，而立少康。少康既立，遂灭浇于过，灭豷于戈，以绝有穷氏之族。　　　　癸未二　甲申三

乙酉四	丙戌五	丁亥六	戊子七	己丑八
庚寅九	辛卯十	壬辰十一	癸巳十二	

经辰之巳二千一百六十六

甲午十三	乙未十四	丙申十五	丁酉十六	戊戌十七
己亥十八	庚子十九	辛丑二十	壬寅二十一	癸卯二十二

---

①　"鬲"，原作"苗"，据四库本改。
②　"二"，四库本无。
③　"三"，四库本作"二"。
④　"四十"，四库本作"三十九"。

甲辰夏杼	乙巳二	丙午三	丁未四	戊申五
己酉六	庚戌七	辛亥八	壬子九	癸丑十
甲寅十一	乙卯十二	丙辰十三	丁巳十四	戊午十五
己未十六	庚申十七	辛酉夏槐	壬戌二	癸亥三

经辰之午二千一百六十七

甲子四	乙丑五	丙寅六	丁卯七	戊辰八
己巳九	庚午十	辛未十一	壬申十二	癸酉十三
甲戌十四	乙亥十五	丙子十六	丁丑十七	戊寅十八
己卯十九	庚辰二十	辛巳二十一	壬午二十二	癸未二十三
甲申二十四	乙酉二十五	丙戌二十六	丁亥夏芒	戊子二
己丑三	庚寅四	辛卯五	壬辰六	癸巳七

经辰之未二千一百六十八

甲午八	乙未九	丙申十	丁酉十一	戊戌十二
己亥十三	庚子十四	辛丑十五	壬寅十六	癸卯十七
甲辰十八	乙巳夏泄	丙午二	丁未三	戊申四
己酉五	庚戌六	辛亥七	壬子八	癸丑九
甲寅十	乙卯十一	丙辰十二	丁巳十三	戊午十四
己未十五	庚申十六	辛酉夏不降	壬戌二	癸亥三

经辰之申二千一百六十九

甲子四	乙丑五	丙寅六	丁卯七	戊辰八
己巳九	庚午十	辛未十一	壬申十二	癸酉十三
甲戌十四	乙亥十五	丙子十六	丁丑十七	戊寅十八
己卯十九	庚辰二十	辛巳二十一	壬午二十二	癸未二十三
甲申二十四	乙酉二十五	丙戌二十六	丁亥二十七	戊子二十八
己丑二十九	庚寅三十	辛卯三十一	壬辰三十二	癸巳三十三

经辰之酉二千一百七十

甲午三十四	乙未三十五	丙申三十六	丁酉三十七	戊戌三十八
己亥三十九	庚子四十	辛丑四十一	壬寅四十二	癸卯四十三
甲辰四十四	乙巳四十五	丙午四十六	丁未四十七	戊申四十八
己酉四十九	庚戌五十	辛亥五十一	壬子五十二	癸丑五十三
甲寅五十四	乙卯五十五	丙辰五十六	丁巳五十七	戊午五十八
己未五十九	庚申夏扃	辛酉二	壬戌三	癸亥四

经辰之戌二千一百七十一

甲子五	乙丑六	丙寅七	丁卯八	戊辰九
己巳十	庚午十一	辛未十二	壬申十三	癸酉十四
甲戌十五	乙亥十六	丙子十七	丁丑十八	戊寅十九
己卯二十	庚辰二十一	辛巳夏廛	壬午二	癸未三
甲申四	乙酉五	丙戌六	丁亥七	戊子八
己丑九	庚寅十	辛卯十一	壬辰十二	癸巳十三

经辰之亥二千一百七十二

甲午十四	乙未十五	丙申十六	丁酉十七	戊戌十八
己亥十九	庚子二十	辛丑二十一	壬寅夏孔甲	癸卯二
甲辰三	乙巳四	丙午五	丁未六	戊申七
己酉八	庚戌九	辛亥十	壬子十一	癸丑十二
甲寅十三	乙卯十四	丙辰十五	丁巳十六	戊午十七
己未十八	庚申十九	辛酉二十	壬戌二十一	癸亥二十二

以会经运之四　观物篇之十六

经日之甲一

经月之午七

经星之甲一百八十二

经辰之子二千一百七十三

甲子二十三　乙丑二十四　丙寅二十五　丁卯二十六　戊辰二十七

己巳二十八　庚午二十九　辛未三十　壬申三十一　癸酉夏皋

甲戌二　乙亥三　丙子四　丁丑五　戊寅六

己卯七　庚辰八　辛巳九　壬午十　癸未十一

甲申夏发　乙酉二　丙戌三　丁亥四　戊子五

己丑六　庚寅七　辛卯八　壬辰九　癸巳十

经辰之丑二千一百七十四

甲午十一　乙未十二　丙申十三　丁酉十四　戊戌十五

己亥十六　庚子十七　辛丑十八　壬寅十九　癸卯夏癸

甲辰二　乙巳三　丙午四　丁未五　戊申六

己酉七　庚戌八　辛亥九　壬子十　癸丑十一

甲寅十二　乙卯十三　丙辰十四　丁巳十五　戊午十六

己未十七　庚申十八　辛酉十九　壬戌二十　癸亥二十一

经辰之寅二千一百七十五

甲子二十二　乙丑二十三　丙寅二十四　丁卯二十五　戊辰二十六

己巳二十七　庚午二十八　辛未二十九　壬申三十　癸酉三十一

甲戌三十二　乙亥三十三　丙子三十四　丁丑三十五　戊寅三十六

己卯三十七　庚辰三十八　辛巳三十九　壬午四十　癸未四十一

甲申四十二　乙酉四十三　丙戌四十四　丁亥四十五　戊子四十六

己丑四十七　庚寅四十八　辛卯四十九　壬辰五十　癸巳五十一

经辰之卯二千一百七十六

甲午五十二　乙未商汤　丙申二　丁酉三　戊戌四

己亥五　庚子六　辛丑七　壬寅八　癸卯九

甲辰十　乙巳十一　丙午十二　丁未十三　戊申商太甲

己酉二　庚戌三　辛亥四　壬子五　癸丑六

甲寅七　乙卯八　丙辰九　丁巳十　戊午十一

己未十二　　　庚申十三　　　辛酉十四　　　壬戌十五　　　癸亥十六

　　经辰之辰二千一百七十七

甲子十七　　　乙丑十八　　　丙寅十九　　　丁卯二十　　　戊辰二十一

己巳二十二　　庚午二十三　　辛未二十四　　壬申二十五　　癸酉二十六

甲戌二十七　　乙亥二十八　　丙子二十九　　丁丑三十　　　戊寅三十一①

己卯三十二　　庚辰三十三　　辛巳商沃丁　　壬午二　　　　癸未三

甲申四　　　　乙酉五　　　　丙戌六　　　　丁亥七　　　　戊子八

己丑九　　　　庚寅十　　　　辛卯十一　　　壬辰十二　　　癸巳十三

　　经辰之巳二千一百七十八

甲午十四　　　乙未十五　　　丙申十六　　　丁酉十七　　　戊戌十八

己亥十九　　　庚子二十　　　辛丑二十一　　壬寅二十二　　癸卯二十三

甲辰二十四　　乙巳二十五　　丙午二十六　　丁未二十七　　戊申二十八

己酉二十九　　庚戌商太庚　　辛亥二　　　　壬子三　　　　癸丑四

甲寅五　　　　乙卯六　　　　丙辰七　　　　丁巳八　　　　戊午九

己未十　　　　庚申十一　　　辛酉十二　　　壬戌十三　　　癸亥十四

　　经辰之午二千一百七十九②

甲子十五　　　乙丑十六　　　丙寅十七　　　丁卯十八　　　戊辰十九

己巳二十　　　庚午二十一　　辛未二十二　　壬申二十三　　癸酉二十四

甲戌二十五　　乙亥商小甲　　丙子二　　　　丁丑三　　　　戊寅四

己卯五　　　　庚辰六　　　　辛巳七　　　　壬午八　　　　癸未九

甲申十　　　　乙酉十一　　　丙戌十二　　　丁亥十三　　　戊子十四

己丑十五　　　庚寅十六　　　辛卯十七　　　壬辰商雍己　　癸巳二

　　经辰之未二千一百八十

甲午三　　　　乙未四　　　　丙申五　　　　丁酉六　　　　戊戌七

---

① "一"字，底本脱，据文意及四库本补。
② "一"，原作"四"，据四库本改。

己亥_八　　　庚子_九　　　辛丑_十　　　壬寅_{十一}　　　癸卯_{十二}

甲辰商太戊　乙巳_二　　　丙午_三　　　丁未_四　　　戊申_五

己酉_六　　　庚戌_七　　　辛亥_八　　　壬子_九　　　癸丑_十

甲寅_{十一}　　乙卯_{十二}　　丙辰_{十三}　　丁巳_{十四}　　戊午_{十五}

己未_{十六}　　庚申_{十七}　　辛酉_{十八}　　壬戌_{十九}　　癸亥_{二十}

经辰之申二千一百八十一

甲子_{二十一}　　乙丑_{二十二}　　丙寅_{二十三}　　丁卯_{二十四}　　戊辰_{二十五}

己巳_{二十六}　　庚午_{二十七}　　辛未_{二十八}　　壬申_{二十九}　　癸酉_{三十}

甲戌_{三十一}　　乙亥_{三十二}　　丙子_{三十三}　　丁丑_{三十四}　　戊寅_{三十五}

己卯_{三十六}　　庚辰_{三十七}　　辛巳_{三十八}　　壬午_{三十九}　　癸未_{四十}

甲申_{四十一}　　乙酉_{四十二}　　丙戌_{四十三}　　丁亥_{四十四}　　戊子_{四十五}

己丑_{四十六}　　庚寅_{四十七}　　辛卯_{四十八}　　壬辰_{四十九}　　癸巳_{五十}

经辰之酉二千一百八十二

甲午_{五十一}　　乙未_{五十二}　　丙申_{五十三}　　丁酉_{五十四}　　戊戌_{五十五}

己亥_{五十六}　　庚子_{五十七}　　辛丑_{五十八}　　壬寅_{五十九}　　癸卯_{六十}

甲辰_{六十一}　　乙巳_{六十二}　　丙午_{六十三}　　丁未_{六十四}　　戊申_{六十五}

己酉_{六十六}　　庚戌_{六十七}　　辛亥_{六十八}　　壬子_{六十九}　　癸丑_{七十}

甲寅_{七十一}　　乙卯_{七十二}　　丙辰_{七十三}　　丁巳_{七十四}　　戊午_{七十五}

己未商仲丁　庚申_二　　　辛酉_三　　　壬戌_四　　　癸亥_五

经辰之戌二千一百八十三

甲子_六　　　乙丑_七　　　丙寅_八　　　丁卯_九　　　戊辰_十

己巳_{十一}　　庚午_{十二}　　辛未_{十三}　　壬申①　　　癸酉_二

甲戌_三　　　乙亥_四　　　丙子_五　　　丁丑_六　　　戊寅_七

己卯_八　　　庚辰_九　　　辛巳_十　　　壬午_{十一}　　　癸未_{十二}

---

① "壬申"下，四库本有"商外壬"三字。

甲申十三　　乙酉十四　　丙戌十五　　丁亥商河亶甲　戊子二

己丑三　　　庚寅四　　　辛卯五　　　壬辰六　　　癸巳七

　　经辰之亥二千一百八十四

甲午八　　　乙未九　　　丙申商祖乙　丁酉二　　　戊戌三

己亥四　　　庚子五　　　辛丑六　　　壬寅七　　　癸卯八

甲辰九　　　乙巳十　　　丙午十一　　丁未十二　　戊申十三

己酉十四　　庚戌十五　　辛亥十六　　壬子十七　　癸丑十八

甲寅十九　　乙卯商祖辛　丙辰二　　　丁巳三　　　戊午四

己未五　　　庚申六　　　辛酉七　　　壬戌八　　　癸亥九

以会经运之五　观物篇之十七

　　经日之甲一

　　经月之午七

　　经星之丙一百八十三

　　经辰之子二千一百八十五

甲子十　　　乙丑十一　　丙寅十二　　丁卯十三　　戊辰十四

己巳十五　　庚午十六　　辛未商沃甲　壬申二　　　癸酉三

甲戌四　　　乙亥五　　　丙子六　　　丁丑七　　　戊寅八

己卯九　　　庚辰十　　　辛巳十一　　壬午十二　　癸未十三

甲申十四　　乙酉十五　　丙戌十六　　丁亥十七　　戊子十八

己丑十九　　庚寅二十　　辛卯二十一　壬辰二十二　癸巳二十三

　　经辰之丑二千一百八十六

甲午二十四　乙未二十五　丙申商祖丁　丁酉二　　　戊戌三

己亥四　　　庚子五　　　辛丑六　　　壬寅七　　　癸卯八

甲辰九　　　乙巳十　　　丙午①　　　丁未　　　　戊申

────────────

① "丙午"下，四库本有"十一"二字。直标至"丁卯"为"三十二"。

己酉	庚戌	辛亥	壬子	癸丑
甲寅	乙卯	丙辰	丁巳	戊午
己未	庚申	辛酉	壬戌	癸亥

经辰之寅二千一百八十七

甲子	乙丑	丙寅	丁卯	戊辰①
己巳②	庚午	辛未	壬申	癸酉
甲戌	乙亥	丙子	丁丑	戊寅
己卯	庚辰	辛巳	壬午	癸未
甲申	乙酉	丙戌	丁亥	戊子
己丑	庚寅	辛卯	壬辰	癸巳商阳甲

经辰之卯二千一百八十八

甲午二	乙未三	丙申四	丁酉五	戊戌六
己亥七	庚子商盘庚	辛丑二	壬寅三	癸卯四
甲辰五	乙巳六	丙午七	丁未八	戊申九
己酉十	庚戌十一	辛亥十二	壬子十三	癸丑十四
甲寅十五	乙卯十六	丙辰十七	丁巳十八	戊午十九
己未二十	庚申二十一	辛酉二十二	壬戌二十三	癸亥二十四

经辰之辰二千一百八十九

甲子二十五	乙丑二十六	丙寅二十七	丁卯二十八	戊辰商小辛
己巳二	庚午三	辛未四	壬申五	癸酉六
甲戌七	乙亥八	丙子九	丁丑十	戊寅十一
己卯十二	庚辰十三	辛巳十四	壬午十五	癸未十六
甲申十七	乙酉十八	丙戌十九	丁亥二十	戊子二十一
己丑商小乙	庚寅二	辛卯三	壬辰四	癸巳五

① "戊辰"下,四库本有"商南庚"三字。
② "己巳"下,四库本有"二"字,直标至"壬辰"为"二十五"。

经辰之巳二千一百九十

甲午六	乙未七	丙申八	丁酉九	戊戌十
己亥十一	庚子十二	辛丑十三	壬寅十四	癸卯十五
甲辰十六	乙巳十七	丙午十八	丁未十九	戊申二十
己酉二十一	庚戌二十二	辛亥二十三	壬子二十四	癸丑二十五
甲寅二十六	乙卯二十七	丙辰二十八	丁巳商武丁	戊午二
己未三	庚申四	辛酉五	壬戌六	癸亥七

经辰之午二千一百九十一

甲子八	乙丑九	丙寅十	丁卯十一	戊辰十二
己巳十三	庚午十四	辛未十五	壬申十六	癸酉十七
甲戌十八	乙亥十九	丙子二十	丁丑二十一	戊寅二十二
己卯二十三	庚辰二十四	辛巳二十五	壬午二十六	癸未二十七
甲申二十八	乙酉二十九	丙戌三十	丁亥三十一	戊子三十二
己丑三十三	庚寅三十四	辛卯三十五	壬辰三十六	癸巳三十七

经辰之未二千一百九十二

甲午三十八	乙未三十九	丙申四十	丁酉四十一	戊戌四十二
己亥四十三	庚子四十四	辛丑四十五	壬寅四十六	癸卯四十七
甲辰四十八	乙巳四十九	丙午五十	丁未五十一	戊申五十二
己酉五十三	庚戌五十四	辛亥五十五	壬子五十六	癸丑五十七
甲寅五十八	乙卯五十九	丙辰商祖庚	丁巳二	戊午三
己未四	庚申五	辛酉六	壬戌七	癸亥商祖甲

经辰之申二千一百九十三

甲子二	乙丑三	丙寅四	丁卯五	戊辰六
己巳七	庚午八	辛未九	壬申十	癸酉十一
甲戌十二	乙亥十三	丙子十四	丁丑十五	戊寅十六
己卯十七	庚辰十八	辛巳十九	壬午二十	癸未二十一

甲申_{二十二}	乙酉_{二十三}	丙戌_{二十四}	丁亥_{二十五}	戊子_{二十六}
己丑_{二十七}	庚寅_{二十八}	辛卯_{二十九}	壬辰_{三十}	癸巳_{三十一}

经辰之酉二千一百九十四①

甲午_{三十二}	乙未_{三十三}	丙申商廪辛	丁酉_二	戊戌_三
己亥_四	庚子_五	辛丑_六	壬寅商庚丁	癸卯
甲辰_三	乙巳_四	丙午_五	丁未_六	戊申_七
己酉_八	庚戌_九	辛亥_十	壬子_{十一}	癸丑_{十二}
甲寅_{十三}	乙卯_{十四}	丙辰_{十五}	丁巳_{十六}	戊午_{十七}
己未_{十八}	庚申_{十九}	辛酉_{二十}	壬戌_{二十一}	癸亥商武乙

经辰之戌二千一百九十五

甲子_二	乙丑_三	丙寅_四	丁卯商太丁	戊辰_二
己巳_三	庚午商帝乙	辛未_二	壬申_三	癸酉_四
甲戌_五	乙亥_六	丙子_七	丁丑_八	戊寅_九
己卯_十	庚辰_{十一}	辛巳_{十二}	壬午_{十三}	癸未_{十四}
甲申_{十五}	乙酉_{十六}	丙戌_{十七}	丁亥_{十八}	戊子_{十九}
己丑_{二十}	庚寅_{二十一}	辛卯_{二十二}	壬辰_{二十三}	癸巳_{二十四}

经辰之亥二千一百九十六

甲午_{二十五}	乙未_{二十六}	丙申_{二十七}	丁酉_{二十八}	戊戌_{二十九}
己亥_{三十}	庚子_{三十一}	辛丑_{三十二}	壬寅_{三十三}	癸卯_{三十四}
甲辰_{三十五}	乙巳_{三十六}	丙午_{三十七}	丁未商受辛	戊申_二
己酉_三	庚戌_四	辛亥_五	壬子_六	癸丑_七
甲寅_八	乙卯_九	丙辰_十	丁巳_{十一}	戊午_{十二}
己未_{十三}	庚申_{十四}	辛酉_{十五}	壬戌_{十六}	癸亥_{十七　锡周文王,命为西伯。}

---

① "二千一百",原作"一千二百",据四库本改。

以会经运之六　观物篇之十八

经日之甲一

经月之午七

经星之丁一百八十四

经辰之子二千一百九十七

甲子十八	乙丑十九	丙寅二十	丁卯二十一	戊辰二十二
己巳二十三周文王没,武王即位。	庚午二十四	辛未二十五	壬申二十六	癸酉二十七
甲戌二十八	乙亥二十九	丙子三十	丁丑三十一	戊寅三十二
己卯周武王	庚辰二	辛巳三	壬午四	癸未五
甲申六	乙酉七	丙戌周成王	丁亥二	戊子三
己丑四	庚寅五	辛卯六	壬辰七	癸巳八

经辰之丑二千一百九十八

甲午九	乙未十	丙申十一	丁酉十二	戊戌十三
己亥十四	庚子十五	辛丑十六	壬寅十七	癸卯十八
甲辰十九	乙巳二十	丙午二十一	丁未二十二	戊申二十三
己酉二十四	庚戌二十五	辛亥二十六	壬子二十七	癸丑二十八
甲寅二十九	乙卯三十	丙辰三十一	丁巳三十二	戊午三十三
己未三十四	庚申三十五	辛酉三十六	壬戌三十七	癸亥周康王

经辰之寅二千一百九十九

甲子二	乙丑三	丙寅四	丁卯五	戊辰六
己巳七	庚午八	辛未九	壬申十	癸酉十一
甲戌十二	乙亥十三	丙子十四	丁丑十五	戊寅十六
己卯十七	庚辰十八	辛巳十九	壬午二十	癸未二十一
甲申二十二	乙酉二十三	丙戌二十四	丁亥二十五	戊子二十六
己丑周昭王	庚寅二	辛卯三	壬辰四	癸巳五

经辰之卯二千二百

甲午六	乙未七	丙申八	丁酉九	戊戌十
己亥十一	庚子十二	辛丑十三	壬寅十四	癸卯十五
甲辰十六	乙巳十七	丙午十八	丁未十九	戊申二十
己酉二十一	庚戌二十二	辛亥二十三	壬子二十四	癸丑二十五
甲寅二十六	乙卯二十七	丙辰二十八	丁巳二十九	戊午三十
己未三十一	庚申三十二	辛酉三十三	壬戌三十四	癸亥三十五

经辰之辰二千二百一

甲子三十六	乙丑三十七	丙寅三十八	丁卯三十九	戊辰四十
己巳四十一	庚午四十二	辛未四十三	壬申四十四	癸酉四十五
甲戌四十六	乙亥四十七	丙子四十八	丁丑四十九	戊寅五十
己卯五十一	庚辰周穆王	辛巳二	壬午三	癸未四
甲申五	乙酉六	丙戌七	丁亥八	戊子九
己丑十	庚寅十一	辛卯十二	壬辰十三	癸巳十四

经辰之巳二千二百二

甲午十五	乙未十六	丙申十七	丁酉十八	戊戌十九
己亥二十	庚子二十一	辛丑二十二	壬寅二十三	癸卯二十四
甲辰二十五	乙巳二十六	丙午二十七	丁未二十八	戊申二十九
己酉三十	庚戌三十一	辛亥三十二	壬子三十三	癸丑三十四
甲寅三十五	乙卯三十六	丙辰三十七	丁巳三十八	戊午三十九
己未四十	庚申四十一	辛酉四十二	壬戌四十三	癸亥四十四

经辰之午二千二百三

| 甲子四十五 | 乙丑四十六 | 丙寅四十七 | 丁卯四十八 | 戊辰四十九 |
| 己巳五十 | 庚午五十一 | 辛未五十二 | 壬申五十三 | 癸酉五十四 |

甲戌五十五　乙亥周共王①　丙子二　丁丑三　戊寅四
己卯五　庚辰六　辛巳七　壬午八　癸未九
甲申十　乙酉十一　丙戌十二　丁亥周懿王　戊子二
己丑三　庚寅四　辛卯五　壬辰六　癸巳七

经辰之未二千二百四

甲午八　乙未九　丙申十　丁酉十一　戊戌十二
己亥十三　庚子十四　辛丑十五　壬寅十六　癸卯十七
甲辰十八　乙巳十九　丙午二十　丁未二十一　戊申二十二
己酉二十三　庚戌二十四　辛亥二十五　壬子周孝王②　癸丑二
甲寅三　乙卯四　丙辰五　丁巳六　戊午七
己未八　庚申九　辛酉十　壬戌十一　癸亥十二

经辰之申二千二百五

甲子十三　乙丑十四　丙寅十五　丁卯周夷王　戊辰二
己巳三　庚午四　辛未五　壬申六　癸酉七
甲戌八　乙亥九　丙子十　丁丑十一　戊寅十二
己卯十三　庚辰十四　辛巳十五　壬午十六　癸未周厉王
甲申二　乙酉三　丙戌四　丁亥五　戊子六
己丑七　庚寅八　辛卯九　壬辰十　癸巳十一

经辰之酉二千二百六

甲午十二　乙未十三　丙申十四　丁酉十五　戊戌十六
己亥十七　庚子十八　辛丑十九　壬寅二十　癸卯二十一
甲辰二十二　乙巳二十三　丙午二十四　丁未二十五　戊申二十六
己酉二十七　庚戌二十八　辛亥二十九　壬子三十　癸丑三十一
甲寅三十二　乙卯三十三　丙辰三十四　丁巳三十五　戊午三十六

---

① "共"，四库本作"恭"。
② "周孝王"，原作"周考王"，据四库本改。

己未_{三十七}　庚申_{三十八}　辛酉_{三十九}　壬戌_{四十}　癸亥_{四十一}

经辰之戌二千二百七

甲子_{四十二}　乙丑_{四十三}　丙寅_{四十四}　丁卯_{四十五}　戊辰_{四十六}

己巳_{四十七}　庚午_{四十八}　辛未_{四十九}　壬申_{五十}　癸酉_{五十一}

甲戌周宣王　乙亥_二　丙子_三　丁丑_四　戊寅_五

己卯_六　庚辰_七　辛巳_八　壬午_九　癸未_十

甲申_{十一}　乙酉_{十二}　丙戌_{十三}　丁亥_{十四}　戊子_{十五}

己丑_{十六}　庚寅_{十七}　辛卯_{十八}　壬辰_{十九}　癸巳_{二十}

经辰之亥二千二百八

甲午_{二十一}　乙未_{二十二}　丙申_{二十三}　丁酉_{二十四}　戊戌_{二十五}

己亥_{二十六}　庚子_{二十七}　辛丑_{二十八}　壬寅_{二十九}　癸卯_{三十}

甲辰_{三十一}　乙巳_{三十二}　丙午_{三十三}　丁未_{三十四}　戊申_{三十五}

己酉_{三十六}　庚戌_{三十七}　辛亥_{三十八}　壬子_{三十九}　癸丑_{四十}

甲寅_{四十一}　乙卯_{四十二}　丙辰_{四十三}　丁巳_{四十四}　戊午_{四十五}

己未_{四十六}　庚申周幽王　辛酉_二　壬戌_三　癸亥_四

皇极经世卷第四

以会经运之七　观物篇之十九

经日之甲一

经月之午七

经星之戊一百八十五

经辰之子二千二百九

	东周	晋	齐	宋	楚	秦
甲子 五						
乙丑 六						
丙寅 七						
丁卯 八						
戊辰 九						
己巳 十						
庚午 十一						
辛未	平王	文侯	庄公	戴公	若敖	襄公
壬申	二	十二	二十六	三十一	二十一①	二
癸酉	三鲁惠	十三	二十七	三十二	二十二	三
甲戌	四	十四	二十八	三十三	二十三	四
乙亥	五	十五	二十九	三十四	二十四	五
丙子	六	十六	三十	宋武公	二十五	六

---

① "二十一"，四库本作"二十二"。下一年"二十二"，四库本作"二十三"，依此类推。

丁丑 七	十七	三十一	二	二十六	七
戊寅 八	十八	三十二	三	楚霄敖	八
己卯 九	十九	二十三	四	二	九
庚辰 十	二十	三十四	五	三	十
辛巳 十一	二十一	三十五	六	四	十一
壬午 十二	二十二	三十六	七	五	十二
癸未 十三	二十三	三十七	八	六	秦文公
甲申 十四	二十四	三十八	九	楚蚡冒①	二
乙酉 十五	二十五	三十九	十	二	三
丙戌 十六	二十六	四十	十一	三	四
丁亥 十七	二十七	四十一	十二	四	五
戊子 十八	二十八	四十二	十三	五	六
己丑 十九	二十九	四十三	十四	六	七
庚寅 二十	三十	四十四	十五	七	八
辛卯 二十一	三十一	四十五	十六	八	九
壬辰 二十二	三十二	四十六	十七	九	十
癸巳 二十三	三十三	四十七	十八	十	十一

经辰之丑二千二百一十

甲午 二十四	三十四	四十八	宋宣公	十一	十二
乙未 二十五	三十五	四十九	二	十二	十三
丙申 二十六	晋昭侯	五十	三	十三	十四
丁酉 二十七	二	五十一	四	十四	十五
戊戌 二十八	三	五十二	五	十五	十六
己亥 二十九	四	五十三	六	十六	十七

---

① "蚡冒"，原作"蚡胃"，据四库本改。

庚子	三十	五	五十四	七	十七	十八
辛丑	三十一	六	五十五	八	楚武王	十九
壬寅	三十二	七①	五十六	九	二	二十
癸卯	三十三	晋孝侯	五十七	十	三	二十一
甲辰	三十四	二	五十八	十一	四	二十二
乙巳	三十五	三	五十九	十二	五	二十三
丙午	三十六	四	六十	十三	六	二十四
丁未	三十七	五	六十一	十四	七	二十五
戊申	三十八	六	六十二	十五	八	二十六
己酉	三十九	七	六十三	十六	九	二十七
庚戌	四十	八	六十四	十七	十	二十八
辛亥	四十一	九	齐釐公	十八	十一	二十九
壬子	四十二	十	二	十九	十二	三十
癸丑	四十三	十一	三	宋穆公	十三	三十一
甲寅	四十四	十二	四	二	十四	三十二
乙卯	四十五	十三	五	三	十五	三十三
丙辰	四十六	十四	六	四	十六	三十四
丁巳	四十七	十五	七	五	十七	三十五
戊午	四十八	晋鄂侯	八	六	十八	三十六
己未	四十九鲁隐	二	九	七	十九	三十七
庚申	五十	三	十	八	二十	三十八
辛酉	五十一	四	十一	九	二十一	三十九
壬戌	周桓王	五	十二	宋殇公	二十二	四十
癸亥	二	六	十三	二	二十三	四十一

① "七"，四库本作"晋孝侯"。按：四库本以本年为晋孝侯即位之年，依此推之，底本下一年"癸卯、晋孝侯"，四库本作"癸卯、二"。以下逐年仿此。

经辰之寅二千二百一十一

甲子	三	晋哀侯	十四	三	二十四	四十二
乙丑	四	二	十五	四	二十五	四十三
丙寅	五	三	十六	五	二十六	秦宁公
丁卯	六	四	十七	六	二十七	二
戊辰	七	五	十八	七	二十八	三
己巳	八	六	十九	八	二十九	四
庚午	九鲁桓	七	二十	九	三十	五
辛未	十	八	二十一	宋庄公	三十一	六
壬申	十一	九①	二十二	二	三十二	七
癸酉	十二	晋小子侯	二十三	三	三十三	八
甲戌	十三	二	二十四	四	三十四	九
乙亥	十四	三②	二十五	五	三十五	十
丙子	十五	四	二十六	六	三十六	十一
丁丑	十六	晋侯缗	二十七	七	三十七称王	十二
戊寅	十七	二	二十八	八	三十八	秦出公
己卯	十八	三	二十九	九	三十九	二
庚辰	十九	四	三十	十	四十	三
辛巳	二十	五	三十一	十一	四十一	四
壬午	二十一	六	三十二	十二	四十二	五
癸未	二十二	七	三十三	十三	四十三	秦武公
甲申	二十三	八	齐襄公	十四	四十四	二
乙酉	周庄王	九	二	十五	四十五	三
丙戌	二	十	三	十六	四十六	四

① “九”，四库本作“孚侯”。按：四库本以此年为晋孚侯即位之年。
② “三”，四库本作“湣侯”。按：四库本以此年为“湣侯”即位之年。

干支					
丁亥	三	十一	四	十七	四十七	五
戊子	四鲁庄	十二	五	十八	四十八	六
己丑	五	十三	六	宋湣公①	四十九	七
庚寅	六	十四	七	二②	五十	八
辛卯	七	十五	八	三	五十一	九
壬辰	八	十六	九	四	楚文王	十
癸巳	九	十七	十	五	二	十一

经辰之卯二千二百一十二

干支					
甲午	十	十八	十一	六	三	十二
乙未	十一	十九	齐无知	七	四	十三
丙申	十二	二十	齐桓公	八	五	十四
丁酉	十三	二十一	二	九	六	十五
戊戌	十四	二十二	三	十	七	十六
己亥	十五	二十三	四	宋桓公	八	十七
庚子	周釐王	二十四	五	二③	九	十八
辛丑	二	二十五	六	三	十	十九
壬寅	三	晋武公④	七	四	十一	二十
癸卯	四	二	八	五	十二	二十一
甲辰	五	三	九	六	十三	秦德公
乙巳	周惠王	晋献公	十	七	楚杜敖	二
丙午	二	二	十一	八	三	秦宣公
丁未	三	三	十二	九	三	二

---

① "宋湣公"，四库本作"十九"。
② "二"，四库本作"宋湣公"。按：四库本以此年为宋湣公即位之年。
③ "二"，四库本作"宋桓公"。按：四库本以此年为宋桓公即位之年。
④ "晋武公"，四库本作"晋武侯"。

戊申	四	四	十三	十	四	三
己酉	五	五	十四	十一	楚成王	四
庚戌	六	六	十五	十二	二	五
辛亥	七	七	十六	十三	三	六
壬子	八	八	十七	十四	四	七
癸丑	九	九	十八	十五	五	八
甲寅	十	十	十九	十六	六	九
乙卯	十一	十一	二十	十七	七	十
丙辰	十二	十二	二十一	十八	八	十一
丁巳	十三	十三	二十二	十九	九	十二
戊午	十四	十四	二十三	二十	十	秦成公
己未	十五	十五	二十四	二十一	十一	二
庚申	十六鲁闵	十六	二十五	二十二	十二	三
辛酉	十七	十七	二十六	二十三	十三	四
壬戌	十八鲁僖	十八	二十七	二十四	十四	秦穆公
癸亥	十九	十九	二十八	二十五	十五	二

经辰之辰二千二百一十三

甲子	二十	二十	二十九	二十六	十六	三
乙丑	二十一	二十一	三十	二十七	十七	四
丙寅	二十二	二十二	三十一	二十八	十八	五
丁卯	二十三	二十三	三十二	二十九	十九	六
戊辰	二十四	二十四	三十三	三十	二十	七
己巳	二十五	二十五	三十四	三十一	二十一	八
庚午	周襄王	二十六①	三十五	三十二	二十二	九

---

① "二十六"，四库本作"奚齐、卓子"。按：四库本以此年为奚齐、卓子即位之年。

辛未 二	晋奚齐卓子①	三十六	宋襄公	二十三	十
壬申 三	晋惠公	三十七	二	二十四	十一
癸酉 四	二	三十八	三	二十五	十二
甲戌 五	三	三十九	四	二十六	十三
乙亥 六	四	四十	五	二十七	十四
丙子 七	五	四十一	六	二十八	十五
丁丑 八	六	四十二	七	二十九	十六
戊寅 九	七	四十三	八	三十	十七
己卯 十	八	齐孝公	九	三十一	十八
庚辰 十一	九	二	十	三十二	十九
辛巳 十二	十	三	十一	三十三	二十
壬午 十三	十一	四	十二	三十四	二十一
癸未 十四	十二	五	十三	三十五	二十二
甲申 十五	十三②	六	十四	三十六	二十三
乙酉 十六	晋怀公文公③	七	宋成公	三十七	二十四
丙戌 十七	二	八	二	三十八	二十五
丁亥 十八	三	九	三	三十九	二十六
戊子 十九	四	十	四	四十	二十七
己丑 二十	五	齐昭公	五	四十一	二十八
庚寅 二十一	六	二	六	四十二	二十九
辛卯 二十二	七	三	七	四十三	三十

---

① “晋奚齐、卓子”，四库本作“晋惠公”。按：四库本以此年为晋惠公即位之年。又“卓”原作“申”，据四库本改。
② “十三”，四库本作“晋怀公”。按：四库本以此年为晋怀公即位之年。
③ “晋怀公、文公”，四库本作“晋文公”。

干支						
壬辰	二十三	八	四	八	四十四	三十一
癸巳	二十四	九	五	九	四十五	三十二

经辰之巳二千二百一十四

干支						
甲午	二十五	晋襄公	六	十	楚穆王	三十三
乙未	二十六鲁文	二	七	十一	二	三十四
丙申	二十七	三	八	十二	三	三十五
丁酉	二十八	四	九	十三	四	三十六
戊戌	二十九	五	十	十四	五	三十七
己亥	三十	六	十一	十五	六	三十八
庚子	二十一	七	十二	十六	七	三十九
辛丑	三十二	晋灵公	十三	十七	八	秦康公
壬寅	三十三	二	十四	宋昭公	九	二
癸卯	周顷王	三	十五	二	十	三
甲辰	二	四	十六	三	十一	四
乙巳	三	五	十七	四	十二	五
丙午	四	六	十八	五	十三	六
丁未	五	七	十九	六	十四	七
戊申	六	八	二十	七	楚庄王	八
己酉	周匡王	九	齐懿公	八	二	九
庚戌	二	十	二	宋文公	三	十
辛亥	三	十一	三	二	四	十一
壬子	四	十二	齐惠公①	三	五	十二
癸丑	五鲁宣	十三	二②	四	六	秦共公③

---

① "齐惠公"，四库本作"四"。
② "二"，四库本作"齐惠公"。按：四库本以此年为齐惠公即位之年。
③ "秦共公"，原作"秦其公"，据四库本改。

干支							
甲寅	六	晋成公①	三	五	七	二	
乙卯	周定王	二②	四	六	八	三	
丙辰	二	三	五	七	九	四	
丁巳	三	四	六	八	十	五	
戊午	四	五	七	九	十一	秦桓公	
己未	五	六	八	十	十二	二	
庚申	六	七	九	十一	十三	三	
辛酉	七	八	十	十二	十四	四	
壬戌	八	晋景公	十一	十三	十五	五	
癸亥	九	二	齐顷公	十四	十六	六	

经辰之午二千二百一十五

干支							
甲子	十	三	二	十五	十七	七	
乙丑	十一	四	三	十六	十八	八	
丙寅	十二	五	四	十七	十九	九	
丁卯	十三	六	五	十八	二十	十	
戊辰	十四	七	六	十九	二十一	十一	
己巳	十五	八	七	二十	二十二	十二	
庚午	十六	九	八	二十一	二十三	十三	
辛未	十七鲁成	十	九	二十二	楚共王	十四	
壬申	十八	十一	十	二十三	二	十五	
癸酉	十九	十二	十一	宋共公	三	十六	
甲戌	二十	十三	十二	二	四	十七	
乙亥	二十一	十四	十三	三	五	十八	
丙子	周简王	十五	十四	四	六	十九	吴寿梦

---

① "晋成公",四库本作"十四"。
② "二",四库本作"晋成公"。按:四库本以此年为晋成公即位之年。

干支						
丁丑	二	十六	十五	五	七	二十	二
戊寅	三	十七	十六	六	八	二十一	三
己卯	四	十八	十七	七	九	二十二	四
庚辰	五	十九	齐灵公	八	十	二十三	五
辛巳	六	晋厉公	二	九	十一	二十四	六
壬午	七	二	三	十	十二	二十五	七
癸未	八	三	四	十一	十三	二十六	八
甲申	九	四	五	十二	十四	二十七	九
乙酉	十	五	六	十三	十五	秦景公	十
丙戌	十一	六	七	宋平公	十六	二	十一
丁亥	十二	七	八	二	十七	三	十二
戊子	十三	八	九	三	十八	四	十三
己丑	十四鲁襄	晋悼公	十	四	十九	五	十四
庚寅	周灵王	二	十一	五	二十	六	十五
辛卯	二	三	十二	六	二十一	七	十六
壬辰	三	四	十三	七	二十二	八	十七
癸巳	四	五	十四	八	二十三	九	十八

经辰之未二千二百一十六

干支						
甲午	五	六	十五	九	二十四	十	十九
乙未	六	七	十六	十	二十五	十一	二十
丙申	七	八	十七	十一	二十六	十二	二十一
丁酉	八	九	十八	十二	二十七	十三	二十二
戊戌	九	十	十九	十三	二十八	十四	二十三
己亥	十	十一	二十	十四	二十九	十五	二十四
庚子	十一	十二	二十一	十五	三十	十六	二十五
辛丑	十二	十三	二十二	十六	三十一	十七	吴诸樊

干支							
壬寅	十三	十四	二十三	十七	楚康王	十八	二
癸卯	十四	十五	二十四	十八	二	十九	三
甲辰	十五	晋平公	二十五	十九	三	二十	四
乙巳	十六	二	二十六	二十	四	二十一	五
丙午	十七	三	二十七	二十一	五	二十二	六
丁未	十八	四	二十八	二十二	六	二十三	七
戊申	十九	五	齐庄公	二十三	七	二十四	八
己酉	二十	六	二	二十四	八	二十五	九
庚戌	二十一	七	三	二十五	九	二十六	十
辛亥	二十二	八	四	二十六	十	二十七	十一
壬子	二十三	九	五	二十七	十一	二十八	十二
癸丑	二十四	十	六	二十八	十二	二十九	十三
甲寅	二十五	十一	齐景公	二十九	十三	三十	吴余祭
乙卯	二十六	十二	二	三十	十四	三十一	二
丙辰	二十七	十三	三	三十一	十五	三十二	三
丁巳	周景王	十四	四	三十二	楚郏敖	三十三	四
戊午	二	十五	五	三十三	二	三十四	五
己未	三	十六	六	三十四	三	三十五	六
庚申	四鲁昭	十七	七	三十五	楚灵王①	三十六	七
辛酉	五	十八	八	三十六	二②	三十七	八
壬戌	六	十九	九	三十七	三	三十八	九
癸亥	七	二十	十	三十八	四	三十九	十

経辰之申二千二百一十七

干支							
甲子	八	二十一	十一	三十九	五	四十	十一

① "楚灵王"，四库本作"四"。
② "二"，四库本作"楚灵王"。按：四库本以此年为楚灵王即位之年。

干支							
乙丑	九	二十二	十二	四十	六	秦哀公	十二
丙寅	十	二十三	十三	四十一	七	二	十三
丁卯	十一	二十四	十四	四十二	八	三	十四
戊辰	十二	二十五	十五	四十三	九	四	十五
己巳	十三	二十六	十六	四十四	十	五	十六
庚午	十四	晋昭公	十七	宋元公	十一	六	十七
辛未	十五	二	十八	二	十二	七	吴余昧
壬申	十六	三	十九	三	楚平王	八	二
癸酉	十七	四	二十	四	二	九	三
甲戌	十八	五	二十一	五	三	十	四
乙亥	十九	六	二十二	六	四	十一	吴王僚
丙子	二十	晋顷公	二十三	七	五	十二	二
丁丑	二十一	二	二十四	八	六	十三	三
戊寅	二十二	三	二十五	九	七	十四	四
己卯	二十三	四	二十六	十	八	十五	五
庚辰	二十四	五	二十七	十一	九	十六	六
辛巳	二十五	六	二十八	十二	十	十七	七
壬午	周敬王	七	二十九	十三	十一	十八	八
癸未	二	八	三十	十四	十二	十九	九
甲申	三	九	三十一	十五	十三	二十	十
乙酉	四	十	三十二	宋景公	十四	二十一	十一
丙戌	五	十一	三十三	二	楚昭王	二十二	吴王阖闾①
丁亥	六	十二	二十四	三	二	二十三	二②
戊子	七	十三	三十五	四	三	二十四	三

---

① “吴王阖闾”，四库本作“十二”。
② “二”，四库本作“吴王阖闾”。按：四库本以此年为吴王阖闾即位之年。

干支							
己丑	八	十四	三十六	五	四	二十五	四
庚寅	九	晋定公	三十七	六	五	二十六	五
辛卯	十	二	三十八	七	六	二十七	六
壬辰	十一鲁定	三	三十九	八	七	二十八	七
癸巳	十二	四	四十	九	八	二十九	八

经辰之酉二千二百一十八

干支							
甲午	十三	五	四十一	十	九	三十	九	
乙未	十四	六	四十二	十一	十	三十一	十	
丙申	十五	七	四十三	十二	十一	三十二	十一	
丁酉	十六	八	四十四	十三	十二	三十三	十一	
戊戌	十七	九	四十五	十四	十三	三十四	十三	
己亥	十八	十	四十六	十五	十四	三十五	十四	
庚子	十九	十一	四十七	十六	十五	三十六	十五	
辛丑	二十	十二	四十八	十七	十六	秦惠公①	十六	
壬寅	二十一	十三	四十九	十八	十七	二	十七	
癸卯	二十二	十四	五十	十九	十八	三	十八	
甲辰	二十三	十五	五十一	二十	十九	四	十九	
乙巳	二十四	十六	五十二	二十一	二十	五	二十	越句践
丙午	二十五	十七	五十三	二十二	二十一	六	吴夫差	二
丁未	二十六鲁哀	十八	五十四	二十三	二十二	七	二	三
戊申	二十七	十九	五十五	二十四	二十三	八	三	四
己酉	二十八	二十	五十六	二十五	二十四	九	四	五
庚戌	二十九	二十一	五十七	二十六	二十五	秦悼公	五	六
辛亥	三十	二十二	五十八孺子	二十七	二十六	二	六	七

① "秦惠公"，原作"秦哀公"，据四库本改。

壬子	三十一	二十三	齐悼公	二十八	二十七	三	七	八
癸丑	三十二	二十四	二	二十九	楚惠王	四	八	九
甲寅	三十三	二十五	三	三十	二	五	九	十
乙卯	三十四	二十六	四	三十一	三	六	十	十一
丙辰	三十五	二十七	齐简公	三十二	四	七	十一	十二
丁巳	三十六	二十八	二	三十三	五	八	十二	十三
戊午	三十七	二十九	三	三十四	六	九	十三	十四
己未	三十八	三十	四	三十五	七	十	十四	十五
庚申	三十九	三十一	齐平公	三十六	八	十一	十五	十六
辛酉	四十	三十二	二	三十七	九	十二	十六	十七
壬戌	四十一	三十三	三	三十八	十	十三	十七	十八
癸亥	四十二	三十四	四	三十九	十一	秦厉公	十八	十九

经辰之戌二千二百一十九

甲子	四十三	三十五	五	四十	十二	二	十九①	二十②
乙丑	四十四	三十六	六	四十一	十三	三	二十	二十一
丙寅	周元王	三十七	七	四十二	十四	四	二十一	二十二
丁卯	二	晋出公③	八	四十三	十五	五	二十二	二十三
戊辰	三	二	九	四十四	十六	六	吴亡	二十四灭吴
己巳	四	三	十	四十五	十七	七		二十五
庚午	五	四	十一	四十六	十八	八		二十六
辛未	六	五	十二	四十七	十九	九		二十七
壬申	周④	六	十三	四十八	二十	十		二十八

① “十九”以下各行原递缩一行，据四库本改。
② “二十”以下各行原递缩一行，据四库本改。
③ “晋出公”，原作“晋幽公”，据四库本改。
④ 以下四库本有“慎定”，实当作“贞定”。

癸酉	二	七	十四	四十九	二十一	十一
甲戌	三	八	十五	五十	二十二	十二
乙亥	四	九	十六	五十一	二十三	十三
丙子	五	十	十七	五十二	二十四	十四
丁丑	六	十一	十八	五十三	二十五	十五
戊寅	七	十二	十九	五十四	二十六	十六
己卯	八	十三	二十	五十五	二十七	十七
庚辰	九	十四	二十一	五十六	二十八	十八
辛巳	十	十五	二十二	五十七	二十九	十九
壬午	十一	十六	二十三	五十八	三十	二十
癸未	十二	晋哀公	二十四	五十九	三十一	二十一
甲申	十三	二	二十五	六十	三十二	二十二
乙酉	十四	三	二十六	六十一	三十三	二十三
丙戌	十五	四	齐宣公	六十二	三十四	二十四
丁亥	十六	五	二	六十三	三十五	二十五
戊子	十七	六	三	六十四	三十六	二十六
己丑	十八	七	四	宋昭公	三十七	二十七
庚寅	十九	八	五	二	三十八	二十八
辛卯	二十	九	六	三	三十九	二十九
壬辰	二十一	十	七	四	四十	三十
癸巳	二十二	十一	八	五	四十一	三十一

经辰之亥二千二百二十

甲午	二十三	十二	九	六	四十二	三十二
乙未	二十四	十三	十	七	四十三	三十三
丙申	二十五	十四	十一	八	四十四	三十四
丁酉	二十六	十五	十二	九	四十五	秦悼公[1]

---

[1] "秦悼公"，四库本作"桓公"。实当作"秦躁公"。

戊戌	二十七	十六	十三	十	四十六	二
己亥	二十八哀王	十七	十四	十一	四十七	三
庚子	周思王、考王①	十八	十五	十二	四十八	四
辛丑	二	十九	十六	十三	四十九	五
壬寅	三	晋幽公	十七	十四	五十	六
癸卯	四	二	十八	十五	五十一	七
甲辰	五	三	十九	十六	五十二	八
乙巳	六	四	二十	十七	五十三	九
丙午	七	五	二十一	十八	五十四	十
丁未	八	六	二十二	十九	五十五	十一
戊申	九	七	二十三	二十	五十六	十二
己酉	十	八	二十四	二十一	五十七	十三
庚戌	十一	九	二十五	二十二	楚简王	秦怀公
辛亥	十二	十	二十六	二十三	二	二
壬子	十三	十一	二十七	二十四	三	三
癸丑	十四	十二	二十八	二十五	四	秦灵公
甲寅	十五	十三	二十九	二十六	五	二
乙卯	十六	十四	三十	二十七	六	三
丙辰	周威烈	十五	三十一	二十八	七	四
丁巳	二	十六	三十二	二十九	八	五
戊午	三	十七	三十三	三十	九	六
己未	四	十八	三十四	三十一	十	七
庚申	五	晋烈公	三十五	三十二	十一	八
辛酉	六	二	三十六	三十三	十二	九

---

① "考王",原作"孝王",据四库本改。

壬戌	七	三	三十七	三十四	十三	十
癸亥	八	四	三十八	三十五	十四	十一

以会经运之八　观物篇之二十

经日之甲一
经月之午七
经星之巳一百八十六
经辰之子二千二百二十一

甲子	九	五	三十九	三十六	十五	十二			
乙丑	十	六	四十	三十七	十六	十三			
丙寅	十一	七	四十一	三十八	十七	秦简公			
丁卯	十二	八	四十二	三十九	十八	二			
戊辰	十三	九	四十三	四十	十九	三			
己巳	十四	十	四十四	四十一	二十	四			
庚午	十五	十一	四十五	四十二	二十一	五			
辛未	十六	十二	四十六	四十三	二十二	六			
壬申	十七	十三	四十七	四十四	二十三	七			
癸酉	十八	十四	四十八	四十五	二十四	八			
甲戌	十九	十五	四十九	四十六	楚声王	九			
乙亥	二十	十六	五十	四十七	二	十			
丙子	二十一	十七	五十一	宋悼公①	三	十一			
丁丑	二十二	十八	齐康公	二	四	十二			
戊寅	二十三	十九	二	三	五	十三	韩景侯	魏文侯	赵烈侯

———————————

① "宋悼公"，原作"宋韩公"，据四库本改。

干支									
己卯	二十四	二十	三	四	楚悼王	十四	七	二十三	七
庚辰	周安王	二十一	四	五	二	十五	八	二十四	八
辛巳	二	二十二	五	六	三	十六	九	二十五	九
壬午	三	二十三	六	七	四	秦惠公	韩烈侯	二十六	赵武侯
癸未	四	二十四	七	八	五	二	二	二十七	二
甲申	五	二十五	八	宋休公①	六	三	三	二十八	三
乙酉	六	二十六	九	二	七	四	四	二十九	四
丙戌	七	二十七	十	三	八	五	五	三十	五
丁亥	八	晋孝公	十一	四	九	六	六	三十一	六
戊子	九	二	十二	五	十	七	七	三十二	七
己丑	十	三	十二	六	十一	八	八	三十三	八
庚寅	十一	四	十四	七	十二	九	九	三十四	九
辛卯	十二	五	十五	八	十三	十	十	三十五	十
壬辰	十三	六	十六	九	十四	十一	十一	三十六	十一
癸巳	十四	七	十七	十	十五	十二	十二	三十七	十二

经辰之丑二千二百二十二

干支									
甲午	十五	八	十八	十一	十六	十三	十三	三十八	十二
乙未	十六	九	后齐太公	十二	十七	秦出子	韩文侯	魏武侯	赵敬侯
丙申	十七	十	二	十二	十八	秦献公	二	二	二
丁酉	十八	十一	齐桓公	十四	十九	二	三	三	三
戊戌	十九	十二	二	十五	二十	三	四	四	四
己亥	二十	十三	三	十六	二十一	四	五	五	五

---

① "宋休公"，原作"宋休王"，据四库本改。

干支									
庚子	二十一	十四	四	十七	二十二	五	六	六	六
辛丑	二十二	十五	五	十八	楚肃王	六	七	七	七
壬寅	二十三	十六	六	十九	二	七	八	八	八
癸卯	二十四	十七	齐威王	二十	三	八	九	九	九
甲辰	二十五	晋静公	二	二十一	四	九	十	十	十
乙巳	二十六	晋亡	三	二十二	五	十	韩哀侯	十一	十一
丙午	周烈王		四	二十三	六	十一	二	十二	十二
丁未	二		五	宋辟公	七	十二	三	十三	赵成侯
戊申	三		六	二	八	十三	四	十四	二
己酉	四		七	三	九	十四	五	十五	三
庚戌	五		八	宋剔成①	十	十五	韩懿侯②	十六	四
辛亥	六		九	二	十一	十六	二③	魏惠王	五
壬子	七		十	三	楚宣王	十七	三	二	六
癸丑	周显王		十一	四	二	十八	四	三	七
甲寅	二（周分为二）	一	十二	五	三	十九	五	四	八
乙卯	三	二	十三	六	四	二十	六	五	九
丙辰	四	三	十四	七	五	二十一	七	六	十
丁巳	五	四	十五	八	六	二十二	八	七	十一
戊午	六	五	十六	九	七	二十三	九	八	十二
己未	七	六	十七	十	八	二十四	十	九	十三

① "剔成"，原作"剔威"，据四库本改。
② "韩懿侯"，四库本作"六"。
③ "二"，四库本作"韩懿侯"。按：四库本以此年为韩懿侯即位之年。

干支									
庚申	八	七	十八	十一	九	秦孝公	十一	十	十四
辛酉	九	东周杰亡①	十九	十二	十	二	十二	十一	十五
壬戌	十	二	二十	十三	十一	三	十三	十二	十六
癸亥	十一	三②	二十一	十四	十二	四	韩昭侯	十三	十七

经辰之寅二千二百二十三

干支									
甲子	十二		二十二	十五	十三	五	二	十四	十八
乙丑	十三		二十三	十六	十四	六	三	十五	十九
丙寅	十四		二十四	十七	十五	七	四	十六	二十
丁卯	十五		二十五	十八	十六	八	五	十七	二十一
戊辰	十六		二十六	十九	十七	九	六	十八	二十二
己巳	十七		二十七	二十	十八	十	七	十九	二十三
庚午	十八		二十八	二十一	十九	十一	八	二十	二十四
辛未	十九		二十九	二十二	二十	十二	九	二十一	二十五
壬申	二十		三十	二十三	二十一	十三	十	二十二	赵肃侯
癸酉	二十一		三十一	二十四	二十二	十四	十一	二十三	二
甲戌	二十二	三十二	二十五	二十三	十五	十二	二十四	三	
乙亥	二十三	三十三	二十六	二十四	十六	十三	二十五	四	
丙子	二十四	三十四	二十七	二十五	十七	十四	二十六	五	
丁丑	二十五	三十五	二十八	二十六	十八	十五	二十七	六	
戊寅	二十六	三十六	二十九	二十七	十九	十六	二十八	七	
己卯	二十七	齐宣王	三十	二十八	二十	十七	二十九	八	

---

① "立"，原作"亡"，据四库本改。
② "三"，自上文"乙卯"行下"二"至此，四库本除"东周杰立"作双行小字置"辛酉九"下，其余无。下文据四库本将齐国以下各提上一栏，以便下文排入燕国。

干支	周	齐	宋	楚	秦	韩	魏	赵	燕
庚辰	二十八	二	三十一	二十九	二十一	十八	三十	九	
辛巳	二十九	三	三十二	三十	二十二	十九	三十一	十	
壬午	三十	四	三十三	楚威王	二十三	二十	三十二	十一	
癸未	三十一	五	三十四	二	二十四	二十一	三十三	十二	
甲申	三十二	六	三十五	三	秦惠王	二十二	三十四	十三	
乙酉	三十三	七	三十六	四	二	二十三	三十五	十四	
丙戌	三十四	八	三十七	五	三	二十四	三十六	十五	
丁亥	三十五	九	三十八	六灭越	四	二十五	魏襄王	十六	
戊子	三十六	十	三十九	七	五	二十六	二称王	十七	
己丑	三十七	十一	四十	八	六	韩宣惠	三	十八	
庚寅	三十八	十二	四十一	九	七	二	四	十九	
辛卯	三十九	十三	宋元王	十	八	三	五	二十	
壬辰	四十	十四	二	十一	九	四	六	二十一	
癸巳	四十一	十五	三	楚怀王	十	五	七	二十二	

经辰之卯二千二百二十四

干支	周	齐	宋	楚	秦	韩	魏	赵	燕
甲午	四十二	十六	四	二	十一	六	八	二十三	
乙未	四十三	十七	五	三	十二	七	九	二十四	
丙申	四十四	十八	六	四	十三	八	十	赵武灵	
丁酉	四十五	十九	七	五	十四	九	十一	二	
戊戌	四十六	齐湣王	八	六	十五	十	十二	三	燕易王
己亥	四十七	二	九	七	十六	十一	十三	四	二
庚子	四十八	三	十	八	十七	十二	十四	五	三
辛丑	周慎靓	四	十一	九	十八	十三	十五	六	燕王哙

壬寅	二	五	十二	十	十九	十四	十六	七	二
癸卯	三	六	十三	十一	二十	十五	魏哀王	八	三
甲辰	四	七	十四	十二	二十一	十六	二	九	四
乙巳	五	八	十五	十三	二十二	十七	三	十	五
丙午	六	九	十六	十四	二十三	十八	四	十一	六
丁未	周赧王	十	十七	十五	二十四	十九	五	十二	七
戊申	二	十一	十八	十六	二十五	二十	六	十三	八
己酉	三	十二	十九	十七	二十六	二十一	七	十四	燕昭王
庚戌	四	十三	二十	十八	二十七	韩襄王	八	十五	二
辛亥	五	十四	二十一	十九	秦武王	二	九	十六	三
壬子	六	十五	二十二	二十	二	三	十	十七	四
癸丑	七	十六	二十三	二十一	三	四	十一	十八	五
甲寅	八	十七	二十四	二十二	四	五	十二	十九	六
乙卯	九	十八	二十五	二十三	秦昭襄	六	十三	二十	七
丙辰	十	十九	二十六	二十四	二	七	十四	二十一	八
丁巳	十一	二十	二十七	二十五	三	八	十五	二十二	九
戊午	十二	二十一	二十八	二十六	四	九	十六	二十三	十
己未	十三	二十二	二十九	二十七	五	十	十七	二十四	十一
庚申	十四	二十三	三十	二十八	六	十一	十八	二十五	十二
辛酉	十五	二十四	三十一	二十九	七	十二	十九	二十六	十三
壬戌	十六	二十五	三十二	三十	八	十三	二十	二十七	十四
癸亥	十七	二十六	三十三	楚顷襄	九	十四	二十一	赵惠文①	十五

① “赵惠文”，原作“赵文惠”，据四库本改。

经辰之辰二千二百二十五

甲子	十八	二十七	三十四	二	十	十五	二十二	二	十六
乙丑	十九	二十八	三十五	三	十一	十六	二十三	三	十七
丙寅	二十	二十九	三十六	四	十二	韩釐王	魏昭王	四	十八
丁卯	二十一	三十	三十七	五	十三	二	二	五	十九
戊辰	二十二	三十一	三十八	六	十四	三	三	六	二十
己巳	二十三	三十二	三十九	七	十五	四	四	七	二十一
庚午	二十四	三十三	四十	八	十六	五	五	八	二十二
辛未	二十五	三十四	四十一	九	十七	六	六	九	二十三
壬申	二十六	三十五	四十二	十	十八	七	七	十	二十四
癸酉	二十七	三十六	四十三	十一	十九	八	八	十一	二十五
甲戌	二十八	三十七	四十四	十二	二十	九	九	十二	二十六
乙亥	二十九	三十八灭宋	宋亡	十三	二十一	十	十	十三	二十七
丙子	三十	三十九		十四	二十二	十一	十一	十四	二十八
丁丑	三十一	齐襄王		十五	二十三	十二	十二	十五	二十九
戊寅	三十二	二		十六	二十四	十三	十三	十六	三十
己卯	三十三	三		十七	二十五	十四	十四	十七	三十一
庚辰	三十四	四		十八	二十六	十五	十五	十八	三十二
辛巳	三十五	五		十九	二十七	十六	十六	十九	三十三
壬午	三十六	六		二十	二十八	十七	十七	二十	燕惠王
癸未	三十七	七		二十一	二十九	十八	十八	二十一	二
甲申	三十八	八		二十二	三十	十九	十九	二十二	三
乙酉	三十九	九		二十三	三十一	二十	魏釐王	二十三	四
丙戌	四十	十		二十四	三十二	二十一	二	二十四	五

丁亥	四十一	十一	二十五	三十三	二十二	三	二十五	六
戊子	四十二	十二	二十六	三十四	二十三	四	二十六	七
己丑	四十三	十三	二十七	三十五	韩(桓惠)	五	二十七	八
庚寅	四十四	十四	二十八	三十六	二	六	二十八	燕(武成)
辛卯	四十五	十五	二十九	三十七	三	七	二十九	二
壬辰	四十六	十六	三十	三十八	四	八	三十	三
癸巳	四十七	十七	三十一	三十九	五	九	三十一	四

经辰之巳二千二百二十六

甲午	四十八	十八	三十二	四十	六	十	三十二	五
乙未	四十九	十九	三十三	四十一	七	十一	三十三	六
丙申	五十	二十	三十四	四十二	八	十二	赵(孝成)	七
丁酉	五十一	齐(王建)	三十五	四十三	九	十三	二	八
戊戌	五十二	二	三十六	四十四	十	十四	三	九
己亥	五十三	三	楚(考烈)	四十五	十一	十五	四	十
庚子	五十四	四	二	四十六	十二	十六	五	十一
辛丑	五十五	五	三	四十七	十三	十七	六	十二
壬寅	五十六	六	四	四十八	十四	十八	七	十三
癸卯	五十七	七	五	四十九	十五	十九	八	十四
甲辰	五十八	八	六	五十	十六	二十	九	燕(孝王)
乙巳	周灭	九	七	五十一(天周)	十七	二十一	十	二
丙午	十	八		五十二	十八	二十二	十一	三
丁未	十一	九		五十三	十九	二十三	十二	燕(王喜)
戊申	十二	十		五十四	二十	二十四	十三	二

己酉	十三	十一	五十五	二十一	二十五	十四	三
庚戌	十四	十二	五十六①	二十二	二十六	十五	四
辛亥 东周惠君亡	十五	十三	秦孝文庄襄	二十三	二十七	十六	五
壬子	十六	十四	二	二十四	二十八	十七	六
癸丑	十七	十五	三	二十五	二十九	十八	七
甲寅	十八	十六	四	二十六	三十	十九	八
乙卯	十九	十七	秦始皇	二十七	三十一	二十	九
丙辰	二十	十八	二	二十八	三十二	二十一	十
丁巳	二十一	十九	三	二十九	三十三	赵悼襄	十一
戊午	二十二	二十	四	三十	三十四	二	十二
己未	二十三	二十一	五	三十一	魏景湣	三	十三
庚申	二十四	二十二	六	三十二	二	四	十四
辛酉	二十五	二十三	七	三十三	三	五	十五
壬戌	二十六	二十四	八	三十四	四	六	十六
癸亥	二十七	二十五	九	韩王安	五	七	十七

经辰之午二千二百二十七

甲子	二十八	楚幽王	十	二	六	八	十八
乙丑	二十九	二	十一	三	七	九	十九
丙寅	三十	三	十二	四	八	赵王迁	二十
丁卯	三十一	四	十三	五	九	二	二十一
戊辰	三十二	五	十四	六	十	三	二十二
己巳	三十三	六	十五	七	十一	四	二十三
庚午	三十四	七	十六	八	十二	五	二十四

---

① "五十六"，四库本"孝文"列于此下而非次行。

辛未	三十五	八	十七灭韩	韩亡	十三	六	二十五
壬申	三十六	九	十八		十四	七	二十六
癸酉	三十七	十	十九灭赵		十五	赵亡	二十七
甲戌	三十八	楚负刍	二十		魏王假		二十八
乙亥	三十九	二	二十一灭燕		二		燕亡
丙子	四十	三	二十二灭魏		魏亡		
丁丑	四十一	四	二十三				
戊寅	四十二	楚亡	二十四灭楚				
己卯	四十三		二十五				
庚辰	齐亡		二十六灭齐				
辛巳			二十七				
壬午			二十八				
癸未			二十九				
甲申			三十				
乙酉			三十一				
丙戌			三十二				
丁亥			三十三				
戊子					三十四		
己丑					三十五		
庚寅					三十六		
辛卯					三十七		
壬辰					秦二世		
癸巳					二		

经辰之未二千二百二十八

甲午 汉高祖先入关　楚伯王后入关①　　　秦亡

乙未 二　　　　二

丙申 三　　　　三

丁酉 四　　　　四

戊戌 五　　　　五

己亥 六　　　　楚亡

庚子 七

辛丑 八

壬寅 九

癸卯 十

甲辰 十一

乙巳 十二

丙午 十三

丁未 汉惠帝

戊申 二

己酉 三

庚戌 四

辛亥 五

壬子 六

癸丑 七

甲寅 汉吕后立惠帝养子②

乙卯 二

丙辰 三

① "伯王"，四库本作"项王"。
② "惠帝养子"，四库本作"无名子"。

丁巳 汉吕后立养子恒山王为帝①

戊午 二

己未 三

庚申 四

辛酉 汉文帝

壬戌 二

癸亥 三

　　　经辰之申二千二百二十九

甲子 四

乙丑 五

丙寅 六

丁卯 七

戊辰 八

己巳 九

庚午 十

辛未 十一

壬申 十二

癸酉 十三

甲戌 十四

乙亥 十五

丙子 十六

丁丑 十七

戊寅 十八后元②

---

① 四库本无"养子""为帝"四字。
② 四库本自此以后帝王在位中途改元,时间重计。

己卯 十九

庚辰 二十

辛巳 二十一

壬午 二十二

癸未 二十三

甲申 二十四

乙酉 汉景帝

丙戌 二

丁亥 三

戊子 四

己丑 五

庚寅 六

辛卯 七

壬辰 八中元

癸巳 九

　　经辰之酉二千二百三十

甲午 十

乙未 十一

丙申 十二

丁酉 十三

戊戌 十四后元

己亥 十五

庚子 十六

辛丑汉武帝①

––––––––––––––––

① "帝"后，四库本有"建元"二字。

壬寅 二

癸卯 三

甲辰 四

乙巳 五

丙午 六

丁未 七元光

戊申 八

己酉 九

庚戌 十

辛亥 十一

壬子 十二

癸丑 十三元朔

甲寅 十四

乙卯 十五

丙辰 十六

丁巳 十七

戊午 十八

己未 十九元狩

庚申 二十

辛酉 二十一

壬戌 二十二

癸亥 二十三

　　　经辰之戌二千二百三十一

甲子 二十四

乙丑 二十五元鼎

丙寅 二十六

丁卯 二十七

戊辰 二十八

己巳 二十九

庚午 三十

辛未 三十一元封

壬申 三十二

癸酉 三十三

甲戌 三十四

乙亥 三十五

丙子 三十六

丁丑 三十七太初

戊寅 三十八

己卯 三十九

庚辰 四十

辛巳 四十一天汉

壬午 四十二

癸未 四十三

甲申 四十四

乙酉 四十五太始

丙戌 四十六

丁亥 四十七

戊子 四十八

己丑 四十九征和

庚寅 五十

辛卯 五十一

壬辰 五十二

癸巳 五十三后元

　　经辰之亥二千二百三十二

甲午 五十四

乙未 汉昭帝 始元

丙申 二

丁酉 三

戊戌 四

己亥 五

庚子 六

辛丑 七元凤

壬寅 八

癸卯 九

甲辰 十

己巳 十一

丙午 十二

丁未 十三元平

戊申 汉宣帝 本始

己酉 二

庚戌 三

辛亥 四

壬子 五地节

癸丑 六

甲寅 七

乙卯 八

丙辰 九元康

丁巳 十

戊午 十一

己未 十二

庚申 十三神爵

辛酉 十四

壬戌 十五

癸亥 十六

以会经运之九　观物篇之二十一

　　经日之甲一

　　经月之午七

　　经星之庚一百八十七

　　经辰之子二千二百三十三

甲子 十七五凤

乙丑 十八

丙寅 十九

丁卯 二十

戊辰 二十一甘露

己巳 二十二

庚午 二十三

辛未 二十四

壬申 二十五黄龙

癸酉 汉元帝初元

甲戌 二

乙亥 三

丙子 四

丁丑 五

戊寅 六永光

己卯 七

庚辰 八

辛巳 九

壬午 十

癸未 十一建昭

甲申 十二

乙酉 十三

丙戌 十四

丁亥 十五

戊子 十六竟宁

己丑 汉成帝建始

庚寅 二

辛卯 三

壬辰 四

癸巳 五河平

      经辰之丑二千二百三十四

甲午 六

乙未 七

丙申 八

丁酉 九阳朔①

戊戌 十

己亥 十一

庚子 十二

---

① "阳朔",原作"龙朔",据四库本改。

辛丑 十三鸿嘉

壬寅 十四

癸卯 十五

甲辰 十六

乙巳 十七永始

丙午 十八

丁未 十九

戊申 二十

己酉 二十一元延

庚戌 二十二

辛亥 二十三

壬子 二十四

癸丑 二十五绥和

甲寅 二十六

乙卯 汉哀帝建平

丙辰 二

丁巳 三

戊午 四

己未 五元寿

庚申 六

辛酉 汉平帝元始

壬戌 二

癸亥 三

　　经辰之寅二千二百三十五

甲子 四

乙丑 五

丙寅　汉孺子居摄①

丁卯　二

戊辰　三初始②

己巳　汉王莽称新室,改建国元年

庚午　二

辛未　三

壬申　四

癸酉　五

甲戌　六天凤

乙亥　七

丙子　八

丁丑　九

戊寅　十

己卯　十一

庚辰　十二地皇

辛巳　十三

壬午　十四

癸未　十五刘玄称更始

甲申　汉光武帝③

乙酉　二称帝称建武

丙戌　三

丁亥　四

戊子　五

---

① "居摄",原作"初始",据四库本改。
② "初始",原作"始初",据四库本改。
③ "帝"后,四库本有"封萧王"三字。

己丑 六

庚寅 七

辛卯 八

壬辰 九

癸巳 十

　　经辰之卯二千二百三十六

甲午 十一

乙未 十二

丙申 十三

丁酉 十四

戊戌 十五

己亥 十六

庚子 十七

辛丑 十八

壬寅 十九

癸卯 二十

甲辰 二十一

乙巳 二十二

丙午 二十三

丁未 二十四

戊申 二十五

己酉 二十六

庚戌 二十七

辛亥 二十八

壬子 二十九

癸丑 三十

甲寅 三十一

乙卯 三十二

丙辰 三十三①

丁巳 三十四

戊午 汉明帝 永平

己未 二

庚申 三

辛酉 四

壬戌 五

癸亥 六

　　经辰之辰二千二百三十七

甲子 七

乙丑 八

丙寅 九

丁卯 十

戊辰 十一

己巳 十二

庚午 十三

辛未 十四

壬申 十五

癸酉 十六

甲戌 十七

乙亥 十八

丙子 汉章帝 建初

──────────

① 是年,四库本有"中元"二字。

丁丑 二

戊寅 三

己卯 四

庚辰 五

辛巳 六

壬午 七

癸未 八

甲申 九元和

乙酉 十

丙戌 十一

丁亥 十二章和

戊子 十三

己丑 汉和帝永元

庚寅 二

辛卯 三

壬辰 四

癸巳 五

　　经辰之巳二千二百三十八

甲午 六

乙未 七

丙申 八

丁酉 九

戊戌 十

己亥 十一

庚子 十二

辛丑 十三

壬寅 十四

癸卯 十五

甲辰 十六

乙巳 十七①

丙午 汉殇帝延平

丁未 汉安帝永初

戊申 二

己酉 三

庚戌 四

辛亥 五

壬子 六

癸丑 七

甲寅 八元初

乙卯 九

丙辰 十

丁巳 十一

戊午 十二

己未 十三

庚申 十四永宁

辛酉 十五建光②

壬戌 十六延光

癸亥 十七

　　经辰之午二千二百三十九

甲子 十八

---

① 是年,四库本有"元兴"二字。
② "建光",原作"建元",四库本同,据《后汉书·安帝纪》改。

乙丑 十九

丙寅 汉顺帝 永建

丁卯 二

戊辰 三

己巳 四

庚午 五

辛未 六

壬申 七阳嘉

癸酉 八

甲戌 九

乙亥 十

丙子 十一永和

丁丑 十二

戊寅 十三

己卯 十四

庚辰 十五

辛巳 十六

壬午 十七汉安

癸未 十八

甲申 十九①

乙酉 汉冲帝 永嘉

丙戌 汉质帝 本初

丁亥 汉桓帝 建和

戊子 二

己丑 三

_____

① 是年,四库本有"建康"二字。

庚寅 四和平

辛卯 五元嘉

壬辰 六

癸巳 七永兴

　　经辰之未二千二百四十

甲午 八

乙未 九永寿

丙申 十

丁酉 十一

戊戌 十二延熹

己亥 十三

庚子 十四

辛丑 十五

壬寅 十六

癸卯 十七

甲辰 十八

乙巳 十九

丙午 二十

丁未 二十一永康

戊申 汉灵帝建宁

己酉 二

庚戌 三

辛亥 四

壬子 五熹平①

------

① "熹平"，原作"嘉平"，据四库本改。

癸丑 六

甲寅 七

乙卯 八

丙辰 九

丁巳 十

戊午 十一光和

己未 十二

庚申 十三

辛酉 十四

壬戌 十五

癸亥 十六

　　　经辰之申二千二百四十一

甲子 十七中平

乙丑 十八

丙寅 十九

丁卯 二十

戊辰 二十一

己巳 二十二先①

庚午 汉献帝初平

辛未 二

壬申 三

癸酉 四

甲戌 五兴平

乙亥 六

_____

① "先",此处四库本作"光熹,又昭宁、永汉"。

丙子 七建安

丁丑 八

戊寅 九

己卯 十

庚辰 十一

辛巳 十二

壬午 十三

癸未 十四

甲申 十五

乙酉 十六

丙戌 十七

丁亥 十八

戊子 十九

己丑 二十

庚寅 二十一

辛卯 二十二

壬辰 二十三

癸巳 二十四

经辰之酉二千二百四十二

甲午 二十五

乙未 二十六

丙申 二十七

丁酉 二十八

戊戌 二十九

己亥 三十

庚子 魏文帝

辛丑 二黄初	蜀先帝	
壬寅 三	二章武	吴大帝
癸卯 四	蜀后主建兴①	二黄武②
甲辰 五	二	三
乙巳 六	三	四
丙午 七	四	五
丁未 魏明帝太和	五	六
戊申 二	六	七
己酉 三	七	八黄龙③
庚戌 四	八	九
辛亥 五	九	十
壬子 六	十	十一嘉禾
癸丑 七青龙	十一	十二
甲寅 八	十二	十三
乙卯 九	十三	十四
丙辰 十	十四	十五
丁巳 十一景初	十五	十六
戊午 十二	十六延熙	十七④
己未 十三	十七	十八
庚申 魏帝芳正始⑤	十八	十九
辛酉 二	十九	二十
壬戌 三	二十	二十一

① "建兴"，原作"建平"，据四库本改。
② "黄武"，原作"神武"，据四库本改。
③ "黄龙"，原作"黄初"，据四库本改。
④ "十七"后，四库本有"赤乌"二字。
⑤ "正始"，原作"平始"，据四库本改。

癸亥 四	二十一	二十二

经辰之戌二千二百四十三

甲子 五	二十二	二十三
乙丑 六	二十三	二十四
丙寅 七	二十四	二十五
丁卯 八	二十五	二十六
戊辰 九	二十六	二十七
己巳 十嘉平	二十七	二十八
庚午 十一	二十八	二十九
辛未 十二	二十九	三十
壬申 十三	三十	三十一①
癸酉 十四	三十一	吴帝亮
甲戌 魏帝正元奂②	三十二	二③
乙亥 二	三十三	三
丙子 三甘露	三十四	四太平
丁丑 四	三十五	五
戊寅 五	三十六	吴帝烈④
己卯 六	三十七	二
庚辰 魏帝奂景元⑤	三十八	三
辛巳 二	三十九	四
壬午 三	四十	五

---

① "三十一"后,四库本有"神凤建兴"四字。
② "魏帝正元奂",四库本作"魏高贵正元"。
③ "二"后,四库本有"五凤"二字。
④ "帝烈",四库本作"帝休永安"。
⑤ "奂",四库本作"道"。

癸未 四	蜀亡①	六
甲申 五②		吴帝皓元兴③
乙酉 晋武帝太始④		二甘露
丙戌 二		三宝鼎⑤
丁亥 三		四
戊子 四		五
己丑 五		六⑥
庚寅 六		七
辛卯 七		八
壬辰 八		九⑦
癸巳 九		十

经辰之亥二千二百四十四

甲午 十		十一
乙未 十一咸宁		十二天册⑧
丙申 十二		十三⑨
丁酉 十三		十四
戊戌 十四		十五
己亥 十五		十六
庚子 十六⑩		吴亡

---

① "蜀亡",四库本作"蜀炎兴亡"。
② "五"后,四库本有"咸熙"二字。
③ "帝皓元兴",四库本作"帝始元兴"。
④ "太始",四库本作"泰始"。
⑤ "宝鼎",原作"宝昌",据四库本改。
⑥ "六"后,四库本有"建衡"二字。
⑦ "九"后,四库本有"凤凰"二字。
⑧ "天册",原作"大武",据四库本改。
⑨ "十三"后,四库本有"天玺"二字。
⑩ "十六"后,四库本有"太康灭吴"四字。

辛丑 十七

壬寅 十八

癸卯 十九

甲辰 二十

乙巳 二十一

丙午 二十二

丁未 二十三

戊甲 二十四

己酉 二十五

庚戌 二十六①

辛亥 晋惠帝②

壬子 二

癸丑 三

甲寅 四

乙卯 五

丙辰 六

丁巳 七

戊午 八

己未 九

庚申 十③

辛酉 十一永宁④

壬戌 十二⑤

---

① "二十六"后,四库本有"太熙永熙"四字。
② "晋惠帝"后,四库本有"永平元康"四字。
③ "十"后,四库本有"永康"二字。
④ "永宁",原作"永字",据四库本改。
⑤ "十二"后,四库本有"大安"二字。

癸亥 十三

以会经运之十　观物篇之二十二

经日之甲一

经月之午七

经星之辛一百八十八

经辰之子二千二百四十五

干支				
甲子	十四永安、建武、永兴	汉刘渊元熙		
乙丑	十五	二		
丙寅	晋怀帝永嘉①	三	后蜀李雄永武②	
丁卯	二③	四	二	
戊辰	三	五永凤	三	
己巳	四	六河瑞	四	
庚午	五	汉刘聪光兴	五	
辛未	六蒙尘平阳	二④	六	
壬申	七	三	七	
癸酉	晋愍帝建兴	四	八	
甲戌	二	五建元	九	前凉张实永兴
乙亥	三	六	十	二
丙子	四蒙尘平阳	七麟嘉	十一	三

---

① "怀帝永嘉",四库本作"光熙怀帝"。

② "永武",四库本作"大武"。

③ "二"后,四库本有"永嘉"二字。

④ "二"后,四库本有"嘉平"二字。

丁丑	东晋元帝建武①	八	十二	四	
戊寅	二②	前赵刘曜光初	十三	五	
己卯	三称帝大武	二	十四	六	后赵石勒赵王
庚辰	四	三	十五	凉张茂永元	二
辛巳	五	四	十六	二	三
壬午	六永昌	五	十七	三	四
癸未	晋明帝太宁③	六	十八	四	五
甲申	二	七	十九	凉张骏太元	六
乙酉	三	八	二十	二	七
丙戌	晋成帝咸和④	九	二十一	三	八
丁亥	二	十	二十二	四	九
戊子	三	前赵亡	二十三	五	十
己丑	四		二十四	六	十一
庚寅	五		二十五	七	十二⑤
辛卯	六		二十六	八	十三
壬辰	七		二十七	九	十四
癸巳	八	蜀李班	十	赵延熙⑥	

经辰之丑二千二百四十六

甲午	九	蜀玉恒⑦	十一	二

---

① "建"字原只存末画一捺,据四库本补。
② "二"后,四库本有"称帝太兴"。
③ "明帝",原作"昭帝",据四库本改。
④ "咸和",原作"戌知",据四库本改。
⑤ "二"后,四库本有"建平"二字。
⑥ "延"前,四库本有"石弘"二字。
⑦ "玉"前,四库本有"李期"二字。

干支	晋	蜀	凉	赵	前燕	前秦
乙未	十①	二	十二	赵建武②		
丙申	十一	三	十三	二		
丁酉	十二	四	十四	三		
戊戌	十三	蜀李寿汉兴	十五	四		
己亥	十四	二	十六	五		
庚子	十五	三	十七	六		
辛丑	十六	四	十八	七		
壬寅	十七	五太和③	十九	八		
癸卯	晋康帝建元	汉李势④	二十	九		
甲辰	二	二	二十一	十		
乙巳	晋穆帝永和⑤	三	二十二	十一		
丙午	二	四嘉宁	二十三永乐⑥	十二		
丁未	三⑦	蜀汉亡	凉张重华	十三		
戊申	四		二	十四		
己酉	五		三	十五太宁	前燕慕容后燕元⑧	
庚戌	六		四	十六⑨	二	
辛亥	七		五	后赵亡 三灭赵		前秦符健皇始⑩

---

① "十"后，四库本有"咸康"二字。
② "建"前，四库本有"石虎"二字。
③ 四库本无"太和"二字。
④ "势"后，四库本有"太和"二字。
⑤ "穆帝"，原作"楚帝"，据四库本改。
⑥ "永乐"二字，四库本置于次行"张重华"下。
⑦ "三"后，四库本有"灭蜀"二字。
⑧ "慕容后燕元"，四库本作"慕容俊元年"。
⑨ "十六"后，四库本有"石祇永宁"四字。
⑩ "符健"，原作"符犍"，据四库本改。

干支				
壬子 八		六	四元玺	二
癸丑 九	凉张祚和平①	五		三
甲寅 十	二	六		四
乙卯 十一	凉玄靓太始②	七		五
丙辰 十二	二	八		秦苻生寿光③
丁巳 十三④	三	九光寿		秦苻坚永兴⑤
戊午 十四	四	十		二
己未 十五	五	十一		三甘露⑥
庚申 十六	六	燕慕容暐建熙⑦		四
辛酉 十七	七	二		五
壬戌 晋哀帝隆和	八	三		六
癸亥 二兴宁	凉天锡太清	四		七

经辰之寅二千二百四十七

干支				
甲子 三	二	五		八
乙丑 四	三	六		九⑧
丙寅 晋帝奕太和⑨	四	七		十
丁卯 二	五	八		十一

---

① "和平",原作"永平",据四库本改。
② "玄靓",原作"李观",四库本作"玄观",据《晋书》卷八六《玄靓传》改。
③ "苻生",原作"符坚",据四库本改。
④ "十三"后,四库本有"升平"二字。
⑤ "苻坚",原作"符玺",据四库本改。
⑥ "甘露",原作"甘路",据四库本改。
⑦ "燕慕容暐建熙",四库本作"前燕"。
⑧ "九"后,四库本有"建元"二字。
⑨ "帝奕",四库本作"废帝"。

干支	晋	凉／后燕	后秦	燕／后魏	西秦	后凉	前秦（秦）
戊辰	三	六		九			十二
己巳	四	七		十			十三
庚午	五	八		前燕亡			十四灭燕
辛未	晋 文帝咸安	九					十五
壬申	二	十					十六
癸酉	晋 武帝宁康	十一					十七
甲戌	二	十二					十八
乙亥	三	十三					十九
丙子	四 太元	凉亡					二十灭凉
丁丑	五						二十一
戊寅	六						二十二
己卯	七						二十三
庚辰	八						二十四
辛巳	九						二十五
壬午	十						二十六
癸未	十一	后燕 慕容垂燕元					二十七
甲申	十二	二	后秦 姚苌白雀①				二十八
乙酉	十三	三	二	后魏	西秦 乞伏国仁建义		秦 符丕太安
丙戌	十四 建兴②	四 建兴	三③	二 拓跋珪④ 一改登国	二	后凉 吕光太安	秦 符登太初
丁亥	十五	五	四	三	三	二	二

---

① "姚苌"，原作"姚长"，据四库本改。
② 四库本无"建兴"二字。
③ "三"后，四库本有"建初"二字。
④ "拓跋珪"，原作"托跋珪"，据四库本改。

戊子	十六	六	五	四	秦乾归太初	三	三	
己丑	十七	七	六	五	二	四①	四	
庚寅	十八	八	七	六	三	五	五	
辛卯	十九	九	八	七	四	六	六	
壬辰	二十	十	九	八	五	七	七	
癸巳	二十一	十一	十	九	六	八	八	

经辰之卯二千二百四十八

甲午	二十二	十二	秦姚兴皇初	十	七	九	前秦亡	
乙未	二十三	十三	二	十一	八	十龙飞②		
丙申	二十四	燕宝永康③	三④	十二	九	十一		
丁酉	晋安帝隆安	二	四	十三	十	十二	南凉秃乌⑤	北凉段业神玺⑥
戊戌	二	燕盛长乐⑦	五⑧	十四	十一	十三	二太初 二	南燕慕容元年⑨
己亥	三	二⑩	六弘始	十五	十二	凉吕纂咸宁 三	三天玺 二	
庚子	四	三	七	十六	十三	二	凉利鹿建和⑪四 三建平	西凉李暠⑫

---

① "四"后,四库本有"麟嘉"二字。
② "龙飞",四库本在次行"丙申 十一"后。
③ "宝永康",原作"实永宁",据四库本改。
④ "三"后,四库本有"皇始"二字。
⑤ "秃乌",四库本作"秃发乌孤"。
⑥ "段业神玺",四库本无。
⑦ "长乐",四库本作"建平"。
⑧ "五"后,四库本有"天兴"二字。
⑨ "慕容元年",四库本作"慕容德称元年"。
⑩ "二"后,四库本有"长乐"二字。
⑪ "利鹿建和",四库本作"利鹿孤建和"。
⑫ "暠"后,四库本有"庚子"二字。

干支										
辛丑	五	燕〔光始 熙〕	八	十七	十四	三	二	北凉①四	二	
壬寅	六②	二	九	十八	十五	凉〔吕隆〕③	凉〔傉檀 弘昌〕二	永安 五	三	
癸卯	七	三	十	十九	十六	二	二	三	六	四
甲辰	八	四	十一	二十④	十七	后凉亡 三	四	七	五	
乙巳	九⑤	五	十二	二十一	十八	四	五	燕超⑥六〔建初〕		
丙午	十	北燕〔高云 正始〕⑦	十三	二十二	十九	五	六	二	七	夏⑧
丁未	十一	二	十四	二十三	二十〔更始〕	六	七	三	八	二
戊申	十二	三	十五	魏〔明帝 永兴〕⑨	二十一	七	八	四	九	三
己酉	十三〔灭南燕〕	北燕〔冯跋 太平〕	十六	二	二十二	八	九	南燕亡 十	四	
庚戌	十四	二	十七	三	西秦〔炽盘 永康〕	九	十	十一	五	
辛亥	十五	三	十八	四	二	十	十一	十二	六	
壬子	十六	四	十九	五	三	十一	十二⑩	十三	七	
癸丑	十七	五	二十	六〔神瑞〕	四	十二	十三	十四	八〔凤翔〕	
甲寅	十八	六	二十一	七	五	南凉亡 十四	十五	九		
乙卯	十九	七	二十二	八〔泰常〕	六	十五	十六	十		

---

① “凉”后，四库本有“沮渠蒙逊”四字。
② “六”后，四库本有“元兴”二字。
③ “隆”后，四库本有“神鼎”二字。
④ “二十”后，四库本有“天锡”二字。
⑤ “九”后，四库本有“义熙”二字。
⑥ “超”后，四库本有“太上”二字。
⑦ “云”，四库本作“灵”。
⑧ “夏”后，四库本有“赫连勃勃”四字。
⑨ “永兴”，四库本在“己酉 十三”下。
⑩ “十二”后，四库本有“玄始”二字。

干支							
丙辰	二十	八	秦姚泓永和 九	七	十六	十七	十一
丁巳	二十一	九	后秦亡 十	八	十七	西凉李歆嘉兴	十二
戊午	晋德文	十	十一	九	十八	二	十三昌武①
己未	二元熙	十一	十二	十②	十九	三	十四真兴③
庚申	宋武帝永初④	十二	十三	十一	二十	四	十五
辛酉	二	十三	十四	十二	二十一	五	十六
壬戌	三	十四	十五	十三	二十二	六	十七
癸亥	宋义符景平	十五	十六	十四	二十三 灭西凉	西凉亡	十八

经辰之辰二千二百四十九

干支							
甲子	宋文帝元嘉	十六	魏太武始光	十五	二十四		十九
乙丑	二	十七	二	十六	二十五		夏昌承光⑤
丙寅	三	十八	三	十七	二十六		二
丁卯	四	十九	四	十八	二十七		三
戊辰	五⑥	二十	五	西秦暮末永弘⑦	二十八承玄		夏定胜光
己巳	六	二十一	六	二	二十九		二
庚午	七	北燕冯弘太兴	七	三	三十义和		三灭西秦
辛未	八	二	八灭夏	西秦亡	三十一		夏亡

---

① "昌武"，原作"武昌"，据四库本改。
② "十"后，四库本有"建弘"二字。
③ "真兴"，"兴"原脱，据四库本补。
④ "永初"，原作"永和"，据四库本改。
⑤ "承光"，原作"永光"，据四库本改。
⑥ "五"后，四库本有"神䴥"二字。
⑦ "暮末永弘"，原作"慕末永嘉"，据四库本改。

壬申	九	三	九延和	三十二
癸酉	十	四	十	北凉牧犍①
甲戌	十一	五	十一	二
乙亥	十二	六	十二太延	三
丙子	十三	北燕亡	十三灭北燕	四
丁丑	十四		十四	五
戊寅	十五		十五	六
己卯	十六		十六②	北凉亡
庚辰	十七		十七太平真君	
辛巳	十八		十八	
壬午	十九		十九	
癸未	二十		二十	
甲申	二十一		二十一	
乙酉	二十二		二十二	
丙戌	二十三		二十三	
丁亥	二十四		二十四	
戊子	二十五		二十五	
己丑	二十六		二十六	
庚寅	二十七		二十七	
辛卯	二十八		二十八③	
壬辰	二十九		魏④	
癸巳	宋帝骏建武⑤		二	

---

① "牧犍"后,四库本有"永和"二字。
② "十六"后,四库本有"灭北凉"三字。
③ "二十八"后,四库本有"正平"二字。
④ "魏"后,四库本有"文成兴安"四字。
⑤ "帝骏建武",四库本作"孝武"。

经辰之巳二千二百五十

甲午	二①	三②
乙未	三	四太安
丙申	四	五
丁酉	五③	六
戊戌	六	七
己亥	七	八
庚子	八	九④
辛丑	九	十
壬寅	十	十一
癸卯	十一	十二
甲辰	宋⑤	十三
乙巳	宋帝或太始⑥	十四
丙午	二	魏⑦
丁未	三	二⑧
戊申	四	三
己酉	五	四
庚戌	六	五
辛亥	七	魏⑨

---

① "二"后，四库本有"孝元"二字。
② "三"后，四库本有"兴光"二字。
③ "五"后，四库本有"大明"二字。
④ "九"后，四库本有"和平"二字。
⑤ "宋"后，四库本有"帝业永光"四字。
⑥ "帝或太始"，四库本作"明帝太始"。
⑦ "魏"后，四库本有"献文天安"四字。
⑧ "二"后，四库本有"皇兴"二字。
⑨ "魏"后，四库本有"孝文延兴"四字。

壬子 宋帝昱元徽①　　　二

癸丑 二　　　三

甲寅 三　　　四

乙卯 四　　　五②

丙辰 五　　　六永和

丁巳 宋顺帝准昇明③　　　七④

戊午 二　　　八

己未 齐高帝建元　　　九

庚申 二　　　十

辛酉 三　　　十一

壬戌 四　　　十二

癸亥 齐武帝永明　　　十三

　　经辰之午二千二百五十一⑤

甲子 二　　　十四

乙丑 三　　　十五

丙寅 四　　　十六

丁卯 五　　　十七

戊辰 六　　　十八

己巳 七　　　十九

庚午 八　　　二十

辛未 九　　　二十一

---

① "帝昱元徽"，四库本作"大豫帝昱"。
② "五"后，四库本有"承明"二字。
③ "顺帝准昇明"，四库本作"顺帝昇平"。
④ "七"后，四库本有"太和"二字。
⑤ "五十一"，"一"原脱，据四库本补。

壬申 十	二十二
癸酉 齐昭业隆昌	二十三
甲戌 齐明帝建武	二十四
乙亥 二	二十五迁居洛阳
丙子 三	二十六改姓元氏
丁丑 四	二十七
戊寅 五①	二十八
己卯 齐宝卷永元②	二十九
庚辰 二	魏宣武景明
辛巳 齐宝融中兴	二
壬午 梁武帝天监	三
癸未 二	四
甲申 三	五正始
乙酉 四	六
丙戌 五	七
丁亥 六	八
戊子 七	九永平
己丑 八	十
庚寅 九	十一
辛卯 十	十二
壬辰 十一	十三延昌
癸巳 十二	十四

经辰之未二千二百五十二

甲午 十三	十五

---

① "五"后,四库本有"永泰"二字。
② "宝卷",四库本作"宝泰"。

乙未 十四　　　　　十六

丙申 十五　　　　　**魏**明帝熙平

丁酉 十六　　　　　二

戊戌 十七　　　　　三神龟

己亥 十八　　　　　四

庚子 十九普通　　　五正光

辛丑 二十　　　　　六

壬寅 二十一　　　　七

癸卯 二十二　　　　八

甲辰 二十三　　　　九

乙巳 二十四　　　　十孝昌

丙午 二十五　　　　十一

丁未 二十六大通　　十二

戊申 二十七　　　　**魏**孝庄建义、永安①

己酉 二十八中大通　二

庚戌 二十九　　　　**魏**帝晔建明②

辛亥 三十　　　　　**魏**帝恭普泰③

壬子 三十一　　　　**魏**帝脩太昌、永熙④

癸丑 三十二　　　　二

甲寅 三十三　　　　**西魏**宝炬　　　**东魏**善见静帝天平

乙卯 三十四大同　　二大统　　　　二

丙辰 三十五　　　　三　　　　　　三

---

① "孝庄建义永安"，原作"孝昭义熙永宁"，据四库本改。
② "帝晔"，原作"帝皣"，四库本作"帝煜"，据《魏书》卷一九下《景穆十二王列传》改。
③ "泰"后，四库本有"朗中兴"三字。
④ "帝脩太昌"，原作"帝循天□"，据四库本改。四库本无"永熙"二字。

丁巳	三十六	四	四	
戊午	三十七	五	五元象①	
己未	三十八	六	六兴和	
庚申	三十九	七	七	
辛酉	四十	八	八	
壬戌	四十一	九	九	
癸亥	四十二	十	十武定	

经辰之申二千二百五十三

甲子	四十三	十一	十一	
乙丑	四十四	十二	十二	
丙寅	四十五②	十三	十三	
丁卯	四十六太清	十四	十四	
戊辰	四十七	十五	十五	
己巳	梁文帝大宝③	十六	十六	
庚午	二	十七	北齐宣帝天保	
辛未	梁④		十八	二
壬申	梁元帝承圣		西魏帝钦元年	三
癸酉	二		二	四
甲戌	梁恭帝⑤		西魏恭帝元年	五
乙亥	二绍泰	后梁萧詧大定⑥		六
丙子	三太平	二	周闵帝元年	七

---

① "元象","象"原脱,据四库本补。
② "五"后,四库本有"中大同"三字。
③ "梁"后,四库本有"简"字。"大宝",四库本在"庚午 二"后。
④ "梁"后,据四库本有"栋天正"三字。
⑤ "帝"后,据四库本有"方智"二字。
⑥ "梁",原作"南凉","大定",原作"天定",四库本同,据《北史》卷九三《僭伪附庸传》改。

丁丑	陈武帝永定	三	周明帝元年	八
戊寅	二	四	二	九
己卯	三	五	三武成	十
庚辰	陈文帝天嘉①	六	周武帝永定	齐昭帝皇建②
辛巳	二	七	二③	齐武帝太宁
壬午	三	后梁萧岿天保④	三	二河清
癸未	四	二	四	三
甲申	五	三	五	四
乙酉	六	四	六	齐高纬天统
丙戌	七⑤	五	七⑥	二
丁亥	陈⑦	六	八	三
戊子	陈宣帝	七	九	四
己丑	二太建⑧	八	十	五
庚寅	三	九	十一	六
辛卯	四	十	十二	七
壬辰	五	十一	十三⑨	八
癸巳	六	十二	十四	九

经辰之酉二千二百五十四

甲午	七	十三	十五	十

---

① "天嘉",原作"太嘉",据四库本改。
② "建"上,底本不清,四库本作"皇",是,据补。
③ "二"后,四库本有"保定"二字。
④ "梁",四库本作"凉"。
⑤ "七"后,四库本有"天康"二字。
⑥ "七"后,四库本有"天保"二字。"保"实当作"和"。
⑦ "陈"后,四库本有"伯宗光天"四字。"天"实当作"大"。
⑧ "太建",四库本无。
⑨ "十三"后,四库本有"建德"二字。

乙未	八	十四	十六	十一
丙申	九	十五	十七	十二隆化
丁酉	十	十六	十八灭北齐	北齐亡
戊戌	十一	十七	周宣帝大成①	
己亥	十二	十八	周静帝大象	
庚子	十三	十九	二	
辛丑	十四	二十	隋文帝②	
壬寅	十五	二十一	二	
癸卯	陈叔宝至德	二十二	三	
甲辰	二	二十三	四	
乙巳	三	二十四	五	
丙午	四	后梁萧琮广运③	六	
丁未	五祯明纳国于宝④		七	
戊申	六		八	
己酉	陈亡		九灭陈	
庚戌			十	
辛亥			十一	
壬子			十二	
癸丑			十三	
甲寅			十四	
乙卯			十五	
丙辰			十六	

① "大成",原作"天成",四库本同,据《周书》卷七《宣帝纪》改。
② "帝"后,四库本有"开皇"二字。
③ "梁",四库本作"凉"。
④ "于宝",四库本作"于隋"。

丁巳	十七
戊午	十八
己未	十九
庚申	二十
辛酉	二十一仁寿
壬戌	二十二
癸亥	二十三

经辰之戌二千二百五十五

甲子	**隋炀帝**
乙丑	二大业
丙寅	三
丁卯	四
戊辰	五
己巳	六
庚午	七
辛未	八
壬申	九
癸酉	十
甲戌	十一
乙亥	十二
丙子	十三
丁丑	**隋亡**①
戊寅	**唐高祖**武德
己卯	二

---

① "亡"后,四库本有"帝侑义宁"四字。

庚辰 三

辛巳 四

壬午 五

癸未 六

甲申 七

乙酉 八

丙戌 唐太宗

丁亥 二贞观

戊子 三

己丑 四

庚寅 五

辛卯 六

壬辰 七

癸巳 八

　　经辰之亥二千二百五十六

甲午 九

乙未 十

丙申 十一

丁酉 十二

戊戌 十三

己亥 十四

庚子 十五

辛丑 十六

壬寅 十七

癸卯 十八

甲辰 十九

乙巳 二十

丙午 二十一

丁未 二十二

戊申 二十三

己酉 二十四

庚戌 唐高宗永徽

辛亥 二

壬子 三

癸丑 四

甲寅 五

乙卯 六

丙辰 七显庆

丁巳 八

戊午 九

己未 十

庚申 十一

辛酉 十二①

壬戌 十三

癸亥 十四

以会经运之十一　观物篇之二十三

经日之甲一

经月之午七

经星之壬一百八十九

———————

① "二"后,四库本有"龙朔"二字。

经辰之子二千二百五十七

甲子 十五麟德

乙丑 十六

丙寅 十七乾封

丁卯 十八

戊辰 十九总章

己巳 二十

庚午 二十一咸亨①

辛未 二十二

壬申 二十三

癸酉 二十四

甲戌 二十五上元

乙亥 二十六

丙子 二十七仪凤

丁丑 二十八

戊寅 二十九

己卯 三十调露

庚辰 三十一永隆

辛巳 三十二开耀

壬午 三十三永淳

癸未 三十四弘道

甲申 唐中宗嗣圣　武后废帝为庐陵王,迁之均,立豫章王旦,改元文明,②再改元光宅。

乙酉 二武后徙帝于房③

---

① "咸亨",原作"咸宁",据四库本改。
② "文明",原作"大明",据四库本改。
③ "房"后,四库本有"陵,改元垂拱"五字。

丙戌 三

丁亥 四

戊子 五

己丑 六武后改元永昌

庚寅 七武后改元载初,又改国为周、元曰天授,豫章王旦为皇嗣。

辛卯 八

壬辰 九武后改元如意,再改长寿。

癸巳 十

　　经辰之丑二千二百五十八

甲午 十一武后改元延载

乙未 十二武后改元证圣,再改元天册万岁。

丙申 十三武后改元万岁登封,再改万岁通天。

丁酉 十四武后改元神功

戊戌 十五武后改元圣历,召帝房陵①。

己亥 十六

庚子 十七武后改元久视

辛丑 十八武后改元大足,再改元长安。

壬寅 十九

癸卯 二十

甲辰 二十一

乙巳 二十二复唐,改元神龙,中宗年号。

丙午 二十三

丁未 二十四景龙

戊申 二十五

————————

① "陵"后,四库本有"复政"二字。

己酉 二十六

庚戌 唐睿宗景云

辛亥 二

壬子 唐玄宗先天

癸丑 二开元

甲寅 三

乙卯 四

丙辰 五

丁巳 六

戊午 七

己未 八

庚申 九

辛酉 十

壬戌 十一

癸亥 十二

　　经辰之寅二千二百五十九

甲子 十三

乙丑 十四

丙寅 十五

丁卯 十六

戊辰 十七

己巳 十八

庚午 十九

辛未 二十

壬申 二十一

癸酉 二十二

甲戌 二十三

乙亥 二十四

丙子 二十五杨妃入①

丁丑 二十六

戊寅 二十七

己卯 二十八

庚辰 二十九

辛巳 三十

壬午 三十一天宝

癸未 三十二

甲申 三十三

乙酉 三十四

丙戌 三十五

丁亥 三十六

戊子 三十七

己丑 三十八

庚寅 三十九

辛卯 四十

壬辰 四十一

癸巳 四十二

　　经辰之卯二千二百六十

甲午 四十三

乙未 四十四

丙申 唐肃宗至德

①　"入"后，四库本有"宫"字。

丁酉 二

戊戌 三乾元

己亥 四

庚子 五上元

辛丑 六

壬寅 七宝应

癸卯 唐代宗广德

甲辰 二

乙巳 三永泰

丙午 四大历

丁未 五

戊申 六

己酉 七

庚戌 八

辛亥 九

壬子 十

癸丑 十一

甲寅 十二

乙卯 十三

丙辰 十四

丁巳 十五

戊午 十六

己未 十七

庚申 唐德宗建中

辛酉 二

壬戌 三

癸亥 四

　　经辰之辰二千二百六十一

甲子 五兴元

乙丑 六贞元

丙寅 七

丁卯 八

戊辰 九

己巳 十

庚午 十一

辛未 十二

壬申 十三

癸酉 十四

甲戌 十五

乙亥 十六

丙子 十七

丁丑 十八

戊寅 十九

己卯 二十

庚辰 二十一

辛巳 二十二

壬午 二十三

癸未 二十四

甲申 二十五

乙酉 二十六顺宗不及年①

---

① "年"后,四库本有"永贞"二字。

丙戌　唐宪宗元和

丁亥　二

戊子　三

己丑　四

庚寅　五

辛卯　六

壬辰　七

癸巳　八

　　　经辰之巳二千二百六十二

甲午　九

乙未　十

丙申　十一

丁酉　十二

戊戌　十三

己亥　十四

庚子　十五

辛丑　唐穆宗长庆

壬寅　二

癸卯　三

甲辰　四

乙巳　唐敬宗宝历

丙午　二

丁未　唐文宗太和

戊申　二

己酉　三

庚戌　四

辛亥 五

壬子 六

癸丑 七

甲寅 八

乙卯 九

丙辰 十开成

丁巳 十一

戊午 十二

己未 十三

庚申 十四

辛酉 唐武宗会昌

壬戌 二

癸亥 三

　　经辰之午二千二百六十三

甲子 四

乙丑 五

丙寅 六

丁卯 唐宣宗大中①

戊辰 二

己巳 三

庚午 四

辛未 五

壬申 六

癸酉 七

──────────

① “大中”，原作“太平”，据四库本改。

甲戌 八

乙亥 九

丙子 十

丁丑 十一

戊寅 十二

己卯 十三

庚辰 唐懿宗咸通

辛巳 二

壬午 三

癸未 四

甲申 五

乙酉 六

丙戌 七

丁亥 八

戊子 九

己丑 十

庚寅 十一

辛亥 十二

壬辰 十三

癸巳 十四

　　经辰之未二千二百六十四

申午 唐僖宗乾符

乙未 二

丙申 三王仙芝陷淮南

丁酉 四黄巢陷沂、郓

戊戌 五

干支						
己亥	六					
庚子	七① 广明 黄巢陷两京,称齐、金统					
辛丑	八中和					
壬寅	九					
癸卯	十黄巢走蓝关					
甲辰	十一					
乙巳	十二光启					
丙午	十三建身②	王潮据福州				
丁未	十四	二				
戊申	十五文德	三				
己酉	唐昭宗龙纪	四	钱镠据杭州	王建据成都		
庚戌	二③	五	二	二		
辛亥	三	六	三	三	杨行密据扬州	
壬子	四景福④	七	四	四	二	
癸丑	五	八	五	五	三	
甲寅	六乾宁	九	六	六	四	李茂贞据凤翔
乙卯	七	十	七	七	五	二
丙辰	八	十一	八	八	六	三
丁巳	九	十二	九	九	七	四
戊午	十光化	闽王审知	十	十	八	五
己未	十一	二	十一	十一	九	六
庚申	十二	三	十二	十二	十	七

---

① "七",原阙,据四库本补。
② "建身",当为"建贞"。
③ "二"后,四库本有"大顺"二字。
④ "景福",原作"景德",据四库本改。

干支							
辛酉	十三天复	四	十三	十三	十一	八	
壬戌	十四	五	十四封越王	十四	十二封吴王	九	
癸亥	十五	六	十五	十五	十三	十	

经辰之申二千二百六十五

干支							
甲子	十六天祐	七	十六	十六	十四	十一	
乙丑	唐哀帝	八	十七	十七	吴渥立	十二	
丙寅	二	九	十八	十八	二	十三	
丁卯	梁全忠开平	十	十九	十九	三	十四	
戊辰	二	十一	二十	蜀王建称帝	吴渭立	十五	
己巳	三	十二	二十一	二武成	二	十六	
庚午	四	十三	二十二	三	三	十七	
辛未	五乾化①	十四	二十三	四②	四	十八	
壬申	梁友珪凤历	十五	二十四	五	五	十九	
癸酉	梁友贞乾化	十六	二十五	六	六	二十	
甲戌	二	十七	二十六	七	七	二十一	
乙亥	三贞明③	十八	二十七	八	八	二十二	
丙子	四	十九	二十八	九通正	九	二十三	
丁丑	五	二十	二十九	十天汉	十	二十四	南汉刘陟乾亨
戊寅	六	二十一	三十	十一光天④	十一	二十五	二
己卯	七	二十二	三十一	蜀王衍乾德	十二渭帝武义	二十六	三

---

① “乾化”，原作“乾祐”，据四库本改。
② “四”后，四库本有“永平”二字。
③ “贞明”，原作“贞昭”，四库本无，据《新五代史》卷三《末帝纪》改。
④ “光天”，原作“天光”，据四库本改。

干支								
庚辰	八	二十三	三十二	二	二	二十七	四	
辛巳	九龙德	二十四	三十三	三	吴溥立顺义	二十八	五	
壬午	十	二十五	三十四	四	二	二十九	六	
癸未	后唐庄宗同光	二十六	三十五	五	三	附于后唐	七	
甲申	二	二十七	三十六	六	四		八	
乙酉	三灭蜀	闽延翰	三十七	蜀亡	五		九白龙	
丙戌	后唐明宗天成	闽延钧	三十八		六		十	
丁亥	二	二	三十九		七[1]		十一	契丹耶律德光天显
戊子	三	三	四十		八		十二大有	二
己丑	四	四	四十一		九[2]		十三	三
庚寅	五长兴	五	四十二		十		十四	四
辛卯	六	六	四十三		十一		十五	五
壬辰	七	七[3]	四十四		十二		十六	六
癸巳	后唐闵帝	八	吴王元瓘		十三		十七	七

经辰之酉二千二百六十六

干支								
甲午	后唐从珂[4]清泰	九	二	蜀孟知祥明德	十四		十八	八
乙未	二	闽永和王昶	三	蜀孟昶明德	十五天祚[5]		十九	九
丙申	晋敬塘天福[6]	二通文	四	二	十六		二十	十

---

[1] "七"后，四库本有"乾真"二字。按当作"乾贞"。
[2] "九"后，四库本有"大和"二字。
[3] "七"后，四库本有"光启"二字。按当作"龙启"。
[4] "从珂"，原作"从河"，据四库本改。"从"前，四库本尚有"应顺"二字。
[5] "天祚"，原作"天祐"，据四库本改。
[6] "敬塘"，四库本作"石塘"。

干支								
丁酉	二	三	五	三	南唐李昪①	二十一	十一	
戊戌	三	四	六	四②	二	二十二	十二会同	
己亥	四	闽延义永隆	七	五广政③	三	二十三	十三	
庚子	五	二	八	六	四	二十四	十四	
辛丑	六	三	九	七	五	二十五	十五	
壬寅	七	四	吴钱佐④	八	六	二十六⑤	十六	
癸卯	晋重贵	五	二	九	七	南汉玢晟	十七	
甲辰	一开运二	闽延政天德⑥	三	十	南唐李璟保大⑦	一应乾一乾和	十八	
乙巳	三	二	四	十一	二	三	十九	
丙午	四	三	五	十二	三	四	二十	
丁未	汉知远	闽留从效⑧	六	十三	四	五	契丹兀欲天禄⑨	
戊申	一乾祐二	二	吴钱俶	十四	五	六	二	
己酉	汉隐帝承祐	三	二	十五	六	七	三	
庚戌	二	四	三	十六	七	八	四	
辛亥	周郭威广顺	五	四	十七	八	九	契丹述律应历⑩	北汉刘崇乾祐

① "昇"后，四库本有"昇元"二字。
② "四"后，四库本有"广政"二字。
③ 四库本无"广政"二字。
④ "钱佐"，原作"钱伍"，据四库本改。
⑤ "六"后，四库本有"份光天"三字。按"份"当作"玢"。
⑥ "天德"，原作"大德"，据四库本改。
⑦ "李璟"，原作"李景"，据四库本改。
⑧ "留从效"，"效"原脱，四库本作"孝"，据《新五代史》补改。
⑨ "兀欲"，原作"元欲"，据四库本改。
⑩ "述律应历"，原作"耶律明立"，据四库本改。

干支								
壬子	二	六	五	十八	九	十	二	二
癸丑	三	七	六	十九	十	十一	三	三
甲寅	四显德	八	七	二十	十一	十二	四	四
乙卯	周世宗	九	八	二十一	十二	十三	五	五
丙辰	二	十	九	二十二	十三	十四	六	北汉承钧天会
丁巳	三	十一	十	二十三	十四①	十五	七	二
戊午	四	十二	十一	二十四	十五	十六	八	三
己未	五	十三	十二	二十五	十六	南汉铢大宝②	九	四
庚申	宋太祖建隆	十四	十三	二十六	十七	二	十	五
辛酉	二	十五	十四	二十七	十八	三	十一	六
壬戌	三	十六	十五	二十八	南唐李煜③	四	十二	七
癸亥	四乾德	闽洪进	十六	二十九	二	五	十三	八

经辰之戌二千二百六十七

干支								
甲子	五	二	十七	三十	三	六	十四	九
乙丑	六灭蜀	三	十八	蜀亡	四	七	十五	十
丙寅	七	四	十九		五	八	十六	十一
丁卯	八	五	二十		六	九	十七	十二
戊辰	九开宝	六	二十一		七	十	十八	十三
己巳	十	七	二十二		八	十一	契丹明记保宁	北汉继元广运
庚午	十一	八	二十三		九	十二	二	二
辛未	十二	九	二十四		十	十三	三	三

---

① "四"后，四库本有"交泰"二字。
② "铢"，四库本作"张"。
③ "李煜"，原作"李昱"，据四库本改。

壬申	十三	十	二十五	十一 南汉亡	四	四
癸酉	十四	十一	二十六	十二	五	五
甲戌	十五	十二	二十七	十三	六	六
乙亥	十六	十三 纳国	二十八 南唐亡		七	七
丙子	宋太宗 太平兴国		二十九 纳国		八	
丁丑	二				九	九
戊寅	三				十	十
己卯	四灭北汉				十一乾亨 北汉亡	
庚辰	五				十二	
辛巳	六				十三	
壬午	七				十四	
癸未	八				契丹 隆绪统和	
甲申	九雍熙				二	
乙酉	十				三	
丙戌	十一				四	
丁亥	十二				五	
戊子	十三端拱				六	
己丑	十四				七	
庚寅	十五淳化				八	
辛卯	十六				九	
壬辰	十七				十	
癸巳	十八				十一	

经辰之亥二千二百六十八

甲午	十九				十二	
乙未	二十至道①				十三	

---

① "至道",四库本作"孟道"。

丙申 二十一　　　　　　　十四

丁酉 二十二　　　　　　　十五

戊戌 宋真宗咸平　　　　　十六

己亥 二　　　　　　　　　十七

庚子 三　　　　　　　　　十八

辛丑 四　　　　　　　　　十九

壬寅 五　　　　　　　　　二十

癸卯 六　　　　　　　　　二十一

甲辰 七景德　　　　　　　二十二

乙巳 八　　　　　　　　　二十三

丙午 九　　　　　　　　　二十四

丁未 十　　　　　　　　　二十五

戊申 十一大中祥符　　　　二十六

己酉 十二　　　　　　　　二十七

庚戌 十三　　　　　　　　二十八

辛亥 十四　　　　　　　　二十九

壬子 十五　　　　　　　　三十开泰①

癸丑 十六　　　　　　　　三十一

甲寅 十七　　　　　　　　三十二

乙卯 十八　　　　　　　　三十三

丙辰 十九　　　　　　　　三十四

丁巳 二十天禧　　　　　　三十五

戊午 二十一　　　　　　　三十六

己未 二十二　　　　　　　三十七

① "开泰"，原作"朝宋"，据四库本改。

庚申 二十三 三十八

辛酉 二十四 三十九①

壬戌 二十五② 四十

癸亥 宋仁宗天圣 四十一

以会经运之十二　观物篇之二十四

经日之甲一

经月之午七

经星之癸一百九十

经辰之子二千二百六十九

甲子 二 四十二

乙丑 三 四十三

丙寅 四 四十四

丁卯 五 四十五

戊辰 六 四十六

己巳 七 四十七

庚午 八 四十八

辛未 九 四十九③

壬申 十明道 契丹宗真重熙④ 西夏元昊⑤显道

癸酉 十一 三 二

甲戌 十二⑥ 四 三开运、广运

---

① "九"后，四库本有"太平"二字。
② "五"后，四库本有"乾兴"二字。
③ "九"后，四库本有"景福"二字。
④ "契丹宗真重熙"，原作"声兴重"，据四库本改。
⑤ "元昊"，"昊"原作"是"，四库本作"吴"，据《宋史》卷四八五《夏国传》改。
⑥ "二"后，四库本有"景祐"二字。

乙亥	十三	五	四
丙子	十四	六	五大庆
丁丑	十五	七	六
戊寅	十六宝元	八	七天授礼法延祚[1]
己卯	十七	九	
庚辰	十八康定	十	
辛巳	十九庆历	十一	
壬午	二十	十二	
癸未	二十一	十三	
甲申	二十二	十四	
乙酉	二十三	十五	
丙戌	二十四	十六	
丁亥	二十五	十七	
戊子	二十六	十八	
己丑	二十七皇祐	十九	
庚寅	二十八	二十	
辛卯	二十九	二十一	
壬辰	三十	二十二	
癸巳	三十一	二十三	

经辰之丑二千二百七十

甲午	三十二至和	二十四	
乙未	三十三	契丹洪基清宁[2]	
丙申	三十四嘉祐	二	

---

[1] "天授礼法延祚",原作"天受理法延",四库本"礼"作"理",据《宋史》卷四八五《夏国传》补改。

[2] "基清宁"三字原脱,据四库本补。

丁酉	三十五	三
戊戌	三十六	四
己亥	三十七	五
庚子	三十八	六
辛丑	三十九	七
壬寅	四十	八
癸卯	四十一	九
甲辰	宋英宗治平①	十
乙巳	二	十一②
丙午	三	十二改国大辽
丁未	四	十三
戊申	宋神宗熙宁③	十四
己酉	二	十五
庚戌	三	十六
辛亥	四	十七
壬子	五	十八
癸丑	六	十九
甲寅	七	二十
乙卯	八	二十一
丙辰	九	二十二
丁巳	十④	二十三
戊午	十一	
己未	十二	

---

① "治平",原作"治正",四库本无,据《宋史》卷一三《英宗纪》改。
② "一"后,四库本有"咸雍"二字。
③ "宋神宗",四库本作"今上"。
④ 四库本自此年以后无数字及皇帝谥号。

庚申 十三

辛酉 十四

壬戌 十五

癸亥 十六

　　经辰之寅二千二百七十一

甲子 十七

乙丑 十八

丙寅 宋哲宗

丁卯 二

戊辰 三

己巳 四

庚午 五

辛未 六

壬申 七

癸酉 八

甲戌 九

乙亥 十

丙子 十一

丁丑 十二

戊寅 十三

己卯 十四

庚辰 十五

辛巳 宋徽宗

壬午 二

癸未 三

甲申 四

乙酉 五

丙戌 六

丁亥 七

戊子 八

己丑 九

庚寅 十

辛卯 十一

壬辰 十二

癸巳 十三

　　经辰之卯二千二百七十二

甲午 十四

乙未 十五

丙申 十六

丁酉 十七

戊戌 十八

己亥 十九

庚子 二十

辛丑 二十一

壬寅 二十二

癸卯 二十三

甲辰 二十四

乙巳 二十五

丙午 宋钦宗

丁未 宋高宗

戊申 二

己酉 三

庚戌 四

辛亥 五

壬子 六

癸丑 七

甲寅 八

乙卯 九

丙辰 十

丁巳 十一

戊午 十二

己未 十三

庚申 十四

辛酉 十五

壬戌 十六

癸亥 十七

　　经辰之辰二千二百七十三

甲子 十八

乙丑 十九

丙寅 二十

丁卯 二十一

戊辰 二十二

己巳 二十三

庚午 二十四

辛未 二十五

壬申 二十六

癸酉 二十七

甲戌 二十八

乙亥 二十九

丙子 三十

丁丑 三十一

戊寅 三十二

己卯 三十三

庚辰 三十四

辛巳 三十五

壬午 三十六

癸未 宋孝宗

甲申 二

乙酉 三

丙戌 四

丁亥 五

戊子 六

己丑 七

庚寅 八

辛卯 九

壬辰 十

癸巳 十一

　　经辰之巳二千二百七十四

甲午 十二

乙未 十三

丙申 十四

丁酉 十五

戊戌 十六

己亥 十七

庚子 十八

辛丑 十九

壬寅 二十

癸卯 二十一

甲辰 二十二

乙巳 二十三

丙午 二十四

丁未 二十五

戊申 二十六

己酉 二十七

庚戌 宋光宗

辛亥 二

壬子 三

癸丑 四

甲寅 五

乙卯 宋宁宗

丙辰 二

丁巳 三

戊午 四

己未 五

庚申 六

辛酉 七

壬戌 八

癸亥 九

　　经辰之午二千二百七十五

甲子 十

乙丑 十一

丙寅 十二

丁卯 十三

戊辰 十四

己巳 十五

庚午 十六

辛未 十七

壬申 十八

癸酉 十九

甲戌 二十

乙亥 二十一

丙子 二十二

丁丑 二十三

戊寅 二十四

己卯 二十五

庚辰 二十六

辛巳 二十七

壬午 二十八

癸未 二十九

甲申 三十

乙酉 **宋理宗**宝庆元年

丙戌 二

丁亥 三

戊子 绍定元年

己丑 二

庚寅 三

辛卯 四

壬辰 五

癸巳 六

　　经辰之未二千二百七十六

甲午 端平元年

乙未

丙申

丁酉 嘉熙元年

戊戌

己亥

庚子

辛丑 淳祐元年

壬寅

癸卯

甲辰

乙巳

丙午

丁未

戊申

己酉

庚戌

辛亥

壬子

癸丑 宝祐元年

甲寅

乙卯

丙辰

丁巳

戊午

己未 开庆元年

庚申 景定元年

辛酉

壬戌

癸亥

　　　经辰之申二千二百七十七

甲子

乙丑 宋度宗

丙寅

丁卯

戊辰

己巳

庚午

辛未

壬申

癸酉

甲戌

乙亥 幼主

丙子 元至元十三年宋亡

丁丑

戊寅

己卯

庚辰

辛巳

壬午

癸未

甲申

乙酉

丙戌

丁亥

戊子

己丑

庚寅

辛卯

壬辰

癸巳

　　经辰之酉二千二百七十八

甲午

乙未

丙申

丁酉

戊戌

己亥

庚子

辛丑

壬寅

癸卯

甲辰

乙巳

丙午

丁未

戊申

己酉

庚戌

辛亥

壬子

癸丑

甲寅

乙卯

丙辰

丁巳

戊午

己未

庚申

辛酉

壬戌

癸亥

经辰之戌二千二百七十九

甲子

乙丑

丙寅

丁卯

戊辰

己巳

庚午

辛未

壬申

癸酉

甲戌

乙亥

丙子

丁丑

戊寅

己卯

庚辰

辛巳

壬午

癸未

甲申

乙酉

丙戌

丁亥

戊子

己丑

庚寅

辛卯

壬辰

癸巳

　　经辰之亥二千二百八十

甲午

乙未

丙申

丁酉

戊戌

己亥

庚子

辛丑

壬寅

癸卯

甲辰

乙巳

丙午　元亡

丁未

戊申　大明洪武元年

己酉

庚戌

辛亥

壬子

癸丑

甲寅

乙卯

丙辰

丁巳

戊午

己未

庚申

辛酉

壬戌

癸亥

　　闭物终月戌之中经星之戌三百一十五

经辰之子二千二百六十九

经辰之丑二千二百七十

经辰之寅二千二百七十一

经辰之卯二千二百七十二

经辰之辰二千二百七十三

经辰之巳二千二百七十四

经辰之午二千二百七十五

经辰之未二千二百七十六

经辰之申二千二百七十七

经辰之酉二千二百七十八

经辰之戌二千二百七十九

经辰之亥二千二百八十

　　经星之甲一百九十一

经星之甲一百九十一

经星之乙一百九十二

经星之丙一百九十三

经星之丁一百九十四

经星之戊一百九十五

经星之己一百九十六

经星之庚一百九十七

经星之辛一百九十八

经星之壬一百九十九

经星之癸二百

经星之甲二百一

经星之乙二百二

经星之丙二百三

经星之丁二百四

经星之戊二百五

经星之己二百六

经星之庚二百七

经星之辛二百八

经星之壬二百九

经星之癸二百十

　　经日之甲一

　　经月之未八

　　经星之甲二百一十一

经星之甲二百一十一

经星之乙二百一十二

经星之丙二百一十三

经星之丁二百一十四

经星之戊二百一十五

经星之己二百一十六

经星之庚二百一十七

经星之辛二百一十八

经星之壬二百一十九

经星之癸二百二十

经星之甲二百二十一

经星之乙二百二十二

经星之丙二百二十三

经星之丁二百二十四

经星之戊二百二十五

经星之己二百二十六

经星之庚二百二十七

经星之辛二百二十八

经星之壬二百二十九

经星之癸二百三十

经星之甲二百三十一

经星之乙二百三十二

经星之丙二百三十三

经星之丁二百三十四

经星之戊二百三十五

经星之己二百三十六

经星之庚二百三十七

经星之辛二百三十八

经星之壬二百三十九

经星之癸二百四十

　　经日之甲一

　　经月之申九

　　经星之甲二百四十一

经星之甲二百四十一

经星之乙二百四十二

经星之丙二百四十三

经星之丁二百四十四

经星之戊二百四十五

经星之己二百四十六

经星之庚二百四十七

经星之辛二百四十八

经星之壬二百四十九

经星之癸二百五十

经星之甲二百五十一

经星之乙二百五十二

经星之丙二百五十三

经星之丁二百五十四

经星之戊二百五十五

经星之己二百五十六

经星之庚二百五十七

经星之辛二百五十八

经星之壬二百五十九

经星之癸二百六十

经星之甲二百六十一

经星之乙二百六十二

经星之丙二百六十三

经星之丁二百六十四

经星之戊二百六十五

经星之己二百六十六

经星之庚二百六十七

经星之辛二百六十八

经星之壬二百六十九

经星之癸二百七十

　经日之甲一

　经月之酉十

经星之甲二百七十一

经星之甲二百七十一

经星之乙二百七十二

经星之丙二百七十三

经星之丁二百七十四

经星之戊二百七十五

经星之己二百七十六

经星之庚二百七十七

经星之辛二百七十八

经星之壬二百七十九

经星之癸二百八十

经星之甲二百八十一

经星之乙二百八十二

经星之丙二百八十三

经星之丁二百八十四

经星之戊二百八十五

经星之己二百八十六

经星之庚二百八十七

经星之辛二百八十八

经星之壬二百八十九

经星之癸二百九十

经星之甲二百九十一

经星之乙二百九十二

经星之丙二百九十三

经星之丁二百九十四

经星之戊二百九十五

经星之己二百九十六

经星之庚二百九十七

经星之辛二百九十八

经星之壬二百九十九

经星之癸三百

　　　经日之甲一

　　　　经月之戌十一

　　　　　经星之甲三百一

经星之甲三百一

经星之乙三百二

经星之丙三百三

经星之丁三百四

经星之戊三百五

经星之己三百六

经星之庚三百七

经星之辛三百八

经星之壬三百九

经星之癸三百十

经星之甲三百一十一

经星之乙三百一十二

经星之丙三百一十三

经星之丁三百一十四

经星之戊三百一十五

①

———————————

① 此处，四库本有"闭物经月戌之终"七字。

皇极经世卷第五

以运经世之一　观物篇之二十五

经元之甲一①

经会之巳六②

经运之癸一百八十③

经世之子二千一百四十九

　　　经世之子二千一百四十九

　　　经世之丑二千一百五十

　　　经世之寅二千一百五十一

　　　经世之卯二千一百五十二

　　　经世之辰二千一百五十三

　　　经世之巳二千一百五十四

　　　经世之午二千一百五十五

　　　经世之未二千一百五十六

甲午

乙未

丙申

丁酉

---

① “元”，原作“世”，据四库本改，后各篇同。
② “会之巳”，原作“世之己”，据四库本改，后各篇同。
③ “运”，原作“世”，据四库本改，后各篇同。

戊戌
己亥
庚子
辛丑
壬寅
癸卯
甲辰　唐帝尧肇位于平阳,号陶唐氏。命羲、和,钦若昊天,历象日
　　　月星辰,敬授人时。期三百六旬有六日,以闰月定四时成岁,
　　　曰载。建寅月为始。允釐百工,庶绩咸熙。
乙巳
丙午
丁未
戊申
己酉
庚戌
辛亥
壬子
癸丑
甲寅
乙卯
丙辰
丁巳
戊午
己未
庚申
辛酉

壬戌

癸亥

　　经世之申二千一百五十七

甲子　唐帝尧二十一年。

乙丑

丙寅

丁卯

戊辰

己巳

庚午

辛未

壬申

癸酉

甲戌

乙亥

丙子

丁丑

戊寅

己卯

庚辰

辛巳

壬午

癸未

甲申

乙酉

丙戌

丁亥

戊子

己丑

庚寅

辛卯

壬辰

癸巳

　　经世之酉二千一百五十八

甲午　唐帝尧五十一年。

乙未

丙申

丁酉

戊戌

己亥

庚子

辛丑

壬寅

癸卯

甲辰

乙巳

丙午

丁未

戊申

己酉

庚戌

辛亥

壬子　鲧治水,绩用不成。①

癸丑　帝尧求禅,明明扬测陋。始征舜登庸,历试诸难,釐降二女于
　　　汭汭,作嫔于虞,以观法焉。

甲寅

乙卯　舜言底可绩,帝以德荐之于天②,而命之位。

丙辰　正月上日,舜受命于文祖。用璇玑玉衡,以齐七政,类于上
　　　帝,禋于六宗,望于山川,遍于群神。辑五瑞五玉,班于群后。
　　　肇十有二州,封十有二山。四时行巡狩。协时月正日。同律
　　　度量衡。修五礼。象以典刑。流共工于幽州,放驩兜于崇
　　　山,窜三苗于三危,殛鲧于羽山,四罪正而天下咸服。

丁巳

戊午

己未

庚申

辛酉

壬戌

癸亥

　　　经世之戌二千一百五十九

甲子　虞帝舜九年。

乙丑

丙寅

丁卯

戊辰

己巳

① “不”,四库本作“弗”。
② “之”,四库本无。

庚午

辛未

壬申

癸酉

甲戌

乙亥

丙子

丁丑

戊寅

己卯

庚辰

辛巳

壬午

癸未　帝尧殂落。①

甲申

乙酉

丙戌　月正元日,舜格于文祖,号有虞氏,都蒲坂。询四岳,辟四
　　　门,明四目,②达四聪。咨十有二牧,命九官。以伯禹为司
　　　空,稷司农,契司徒,皋陶司士,垂司工,益司虞,夷司礼,夔
　　　典乐,龙司言。此九人使宅百揆,三载考绩。黜陟幽明,庶
　　　绩其凝。

丁亥

戊子

己丑

---

① "帝尧殂落",四库本无。
② "目",原作"日",据四库本改。

庚寅

辛卯

壬辰

癸巳

　　经世之亥二千一百六十

甲午　虞帝舜三十九年。

乙未

丙申

丁酉

戊戌

己亥

庚子

辛丑

壬寅

癸卯

甲辰

乙巳

丙午

丁未

戊申

己酉

庚戌

辛亥

壬子

癸丑

甲寅

乙卯

丙辰 帝舜求代，以功荐禹于天而命之位。

丁巳 正月朔旦，禹受命于神宗。正天下水土，分九州、九山，九川、
　　 九泽，会于四海。修其六府，咸则三壤，①成赋中邦。

戊午

己未

庚申

辛酉

壬戌

癸亥

以运经世之二　观物篇之二十六

经元之甲一②

经会之午七

经运之甲一百八十一

经世之子二千一百六十一

　　　经世之子二千一百六十一

甲子 夏王禹八年。

乙丑

丙寅

丁卯

戊辰

己巳

庚午

---

① "壤"，原作"孃"，据四库本改。
② "一"，四库本作"乙"。

辛未

壬申

癸酉　帝舜陟方乃死。

甲戌　禹都安邑。徙居阳翟。大会诸侯于涂山,执玉帛者万国,防
　　　风氏后至,戮焉。

乙亥

丙子

丁丑

戊寅

己卯

庚辰

辛巳

壬午

癸未　夏王禹东巡狩,至于会稽崩,元子启践位。

甲申　启与有扈战于甘之野。

乙酉

丙戌

丁亥

戊子

己丑

庚寅

辛卯

壬辰　夏王启崩,元子太康践位。

癸巳

　　　经世之丑二千一百六十二

甲午　夏王太康二年。

乙未
丙申
丁酉
戊戌
己亥
庚子
辛丑
壬寅
癸卯
甲辰
乙巳
丙午
丁未
戊申
己酉
庚戌
辛亥
壬子
癸丑
甲寅
乙卯
丙辰
丁巳
戊午
己未
庚申

辛酉 夏王太康失邦，盘游无度，畋于有洛之表，十旬不返。有穷后
　　　羿因民不忍，距于河而死，子仲康立。

壬戌 命胤侯征羲氏、和氏。

癸亥

　　　经世之寅二千一百六十三

甲子 夏王仲康三年。

乙丑

丙寅

丁卯

戊辰

己巳

庚午

辛未

壬申

癸酉

甲戌 夏王仲康崩，子相继立，依同姓诸侯斟灌、斟鄩氏。

乙亥

丙子

丁丑

戊寅

己卯

庚辰

辛巳

壬午

癸未

甲申

乙酉

丙戌

丁亥

戊子

己丑

庚寅

辛卯

壬辰

癸巳

　　经世之卯二千一百六十四

甲午　夏王相二十年。①

乙未

丙申

丁酉

戊戌

己亥

庚子

辛丑

壬寅　寒浞杀有穷后羿，使子浇及豷伐斟灌、斟郭氏以灭相。②　相
　　　之臣靡逃于有鬲氏，相之后还于有仍氏，遂生少康。

癸卯

甲辰

乙巳

丙午

丁未

戊申

己酉

庚戌

辛亥

壬子

癸丑

甲寅

乙卯

丙辰

丁巳

戊午

己未

庚申

辛酉

壬戌

癸亥

　　经世之辰二千一百六十五

甲子　夏王少康生二十三年。

乙丑

丙寅

丁卯

戊辰

己巳

庚午

辛未

壬申

癸酉

甲戌

乙亥

丙子

丁丑

戊寅

己卯

庚辰

辛巳

壬午

癸未　夏之遗臣靡自有鬲氏收斟灌、斟鄩二国之烬，以灭寒浞而
　　　立少康。少康立，遂灭浇于过，灭豷于戈，以绝有穷氏
　　　之族。①

甲申

乙酉

丙戌

丁亥

戊子

己丑

庚寅

辛卯

壬辰

癸巳

————————

① 四库本此条内容在前一年"壬午"项下。

经世之巳二千一百六十六

甲午 夏王少康立十三年。

乙未

丙申

丁酉

戊戌

己亥

庚子

辛丑

壬寅

癸卯 夏王少康崩，子杼践位。

甲辰

乙巳

丙午

丁未

戊申

己酉

庚戌

辛亥

壬子

癸丑

甲寅

乙卯

丙辰

丁巳

戊午

己未

庚申 夏王杼崩,子槐践位。

辛酉

壬戌

癸亥

经世之午二千一百六十七

甲子 夏王槐四年。

乙丑

丙寅

丁卯

戊辰

己巳

庚午

辛未

壬申

癸酉

甲戌

乙亥

丙子

丁丑

戊寅

己卯

庚辰

辛巳

壬午

癸未

甲申

乙酉

丙戌　夏王槐崩，子芒践位。

丁亥

戊子

己丑

庚寅

辛卯

壬辰

癸巳

　　经世之未二千一百六十八

甲午　夏王芒八年。

乙未

丙申

丁酉

戊戌

己亥

庚子

辛丑

壬寅

癸卯

甲辰　夏王芒崩，子泄践位。

乙巳

丙午

丁未

戊申

己酉

庚戌

辛亥

壬子

癸丑

甲寅

乙卯

丙辰

丁巳

戊午

己未

庚申　夏王泄崩，子不降践位。

辛酉

壬戌

癸亥

　　　经世之申二千一百六十九

甲子　夏王不降四年。

乙丑

丙寅

丁卯

戊辰

己巳

庚午

辛未

壬申

癸酉

甲戌

乙亥

丙子

丁丑

戊寅

己卯

庚辰

辛巳

壬午

癸未

甲申

乙酉

丙戌

丁亥

戊子

己丑

庚寅

辛卯

壬辰

癸巳

　　经世之酉二千一百七十
甲午　夏王不降三十四年。

乙未

丙申

丁酉

戊戌

己亥
庚子
辛丑
壬寅
癸卯
甲辰
乙巳
丙午
丁未
戊申
己酉
庚戌
辛亥
壬子
癸丑
甲寅
乙卯
丙辰
丁巳
戊午
己未　夏王不降崩，弟扃立。
庚申
辛酉
壬戌
癸亥

　　经世之戌二千一百七十一

甲子　夏王扃五年。

乙丑

丙寅

丁卯

戊辰

己巳

庚午

辛未

壬申

癸酉

甲戌

乙亥

丙子

丁丑

戊寅

己卯

庚辰　夏王扃崩，子廑践位。

辛巳

壬午

癸未

甲申

乙酉

丙戌

丁亥

戊子

己丑

庚寅

辛卯

壬辰

癸巳

　　经世之亥二千一百七十二

甲午　夏王廑十四年。

乙未

丙申

丁酉

戊戌

己亥

庚子

辛丑　夏王廑崩，不降子孔甲立。

壬寅

癸卯

甲辰

乙巳

丙午

丁未

戊申

己酉

庚戌

辛亥

壬子

癸丑

甲寅

乙卯

丙辰

丁巳

戊午

己未

庚申

辛酉

壬戌

癸亥

以运经世之三　观物篇之二十七

经元之甲一

经会之午七

经运之乙一百八十二

经世之子二千一百七十三

　　经世之子二千一百七十三

甲子　夏王孔甲二十三年。

乙丑

丙寅

丁卯

戊辰

己巳

庚午

辛未

壬申　夏王孔甲崩，子皋践位。

癸酉

甲戌

乙亥

丙子

丁丑

戊寅

己卯

庚辰

辛巳

壬午

癸未　夏王皋崩,子发践位。

甲申

乙酉

丙戌

丁亥

戊子

己丑

庚寅

辛卯

壬辰

癸巳

　　　经世之丑二千一百七十四

甲午　夏王发十一年。

乙未

丙申

丁酉

戊戌

己亥

庚子

辛丑

壬寅　夏王发崩，子癸践位，是谓之桀。

癸卯

甲辰

乙巳

丙午

丁未

戊申

己酉

庚戌

辛亥

壬子

癸丑

甲寅

乙卯

丙辰

丁巳

戊午

己未

庚申

辛酉

壬戌

癸亥

经世之寅二千一百七十五

甲子　夏王癸二十二年。

乙丑

丙寅

丁卯

戊辰

己巳

庚午

辛未

壬申

癸酉

甲戌

乙亥　始嬖妹喜。

丙子

丁丑　成汤即诸侯位，自商丘徙治亳，①始用伊尹。

戊寅　成汤征葛。

己卯　成汤荐伊尹于夏王。

庚辰

辛巳

壬午　汤伊尹丑夏，②复归于亳。

癸未

甲申　桀囚成汤于夏台。

乙酉

丙戌

---

① "治"，四库本作"至"。
② "汤伊尹丑夏"，四库本作"伊尹丑"。

丁亥

戊子

己丑

庚寅

辛卯

壬辰

癸巳

　　经世之卯二千一百七十六

甲午①

乙未　伊尹相成汤,伐桀。升自陑。遂与桀战于鸣条之野。桀败,
　　　走三朡。遂伐三朡,俘厥宝玉,放桀于南巢。还至大坰,②仲
　　　虺作《诰》。归至亳,乃大诰万方。南面,朝诸侯,建国曰商。
　　　以丑月为岁始,曰祀,与民更始。

丙申

丁酉

戊戌

己亥

庚子

辛丑

壬寅

癸卯

甲辰

乙巳

丙午

---

①　四库本此年有"夏王癸五十二年"七字。

②　"大坰",原作"大坰",据四库本改。

丁未 商王成汤崩,元子太甲践位。不明,伊尹放之桐宫。

戊申

己酉

庚戌 商王太甲思庸,伊尹乃冕服,奉嗣王于亳,返政。

辛亥

壬子

癸丑

甲寅

乙卯

丙辰

丁巳

戊午

己未

庚申

辛酉

壬戌

癸亥

　　经世之辰二千一百七十七

甲子 商王太甲十七年。

乙丑

丙寅

丁卯

戊辰

己巳

庚午

辛未

壬申

癸酉

甲戌

乙亥

丙子

丁丑

戊寅

己卯

庚辰　商王太甲崩,子沃丁践位。

辛巳

壬午

癸未

甲申

乙酉

丙戌

丁亥

戊子

己丑

庚寅

辛卯

壬辰

癸巳

　　经世之巳二千一百七十八

甲午　商王沃丁十四年。

乙未

丙申

丁酉

戊戌

己亥

庚子

辛丑

壬寅

癸卯

甲辰

乙巳

丙午

丁未

戊申

己酉　商王沃丁崩，弟太庚立。

庚戌

辛亥

壬子

癸丑

甲寅

乙卯

丙辰

丁巳

戊午

己未

庚申

辛酉

壬戌

癸亥

　　经世之午二千一百七十九

甲子　商王太庚十五年。

乙丑

丙寅

丁卯

戊辰

己巳

庚午

辛未

壬申

癸酉

甲戌　商王太庚崩,子小甲践位。

乙亥

丙子

丁丑

戊寅

己卯

庚辰

辛巳

壬午

癸未

甲申

乙酉

丙戌

丁亥

戊子

己丑

庚寅

辛卯　商王小甲崩,弟雍己立。

壬辰

癸巳

　　经世之未二千一百八十

甲午　商王雍己三年。

乙未

丙申

丁酉

戊戌

己亥

庚子

辛丑

壬寅

癸卯　商王雍己崩,弟太戊立,是谓中宗。伊陟、臣扈,格于上帝。
　　巫咸乂王家,①大修成汤之政。

甲辰

乙巳

丙午

丁未

戊申

己酉

———————

① "乂",原作"又",据四库本改。

庚戌

辛亥

壬子

癸丑

甲寅

乙卯

丙辰

丁巳

戊午

己未

庚申

辛酉

壬戌

癸亥

　　　经世之申二千一百八十一①

甲子　商王太戊二十一年。

乙丑

丙寅

丁卯

戊辰

己巳

庚午

辛未

壬申

————————

① "八十一","一"原脱,据四库本补。

癸酉

甲戌

乙亥

丙子

丁丑

戊寅

己卯

庚辰

辛巳

壬午

癸未

甲申

乙酉

丙戌

丁亥

戊子

己丑

庚寅

辛卯

壬辰

癸巳

经世之酉二千一百八十二

甲午 商王太戊五十一年。

乙未

丙申

丁酉

戊戌
己亥
庚子
辛丑
壬寅
癸卯
甲辰
乙巳
丙午
丁未
戊申
己酉
庚戌
辛亥
壬子
癸丑
甲寅
乙卯
丙辰
丁巳
戊午　商王中宗崩，子仲丁践位。迁于嚣。
己未
庚申
辛酉
壬戌
癸亥

经世之戌二千一百八十三

甲子　商王仲丁六年。

乙丑

丙寅

丁卯

戊辰

己巳

庚午

辛未　商王仲丁崩，国乱，弟外壬立。

壬申

癸酉

甲戌

乙亥

丙子

丁丑

戊寅

己卯

庚辰

辛巳

壬午

癸未

甲申

乙酉

丙戌　商王外壬崩，国复乱，弟河亶甲立。①　徙居相。

_____

① "立"，原作"之"，据四库本改。

丁亥

戊子

己丑

庚寅

辛卯

壬辰

癸巳

　　经世之亥二千一百八十四

甲午 商王河亶甲八年。

乙未 商王河亶甲崩，子祖乙践位，圮于耿。徙居邢，巫贤为相。

丙申

丁酉

戊戌

己亥

庚子

辛丑

壬寅

癸卯

甲辰

乙巳

丙午

丁未

戊申

己酉

庚戌

辛亥

壬子

癸丑

甲寅　商王祖乙崩,子祖辛践位。①

乙卯

丙辰

丁巳

戊午

己未

庚申

辛酉

壬戌

癸亥

以运经世之四　　观物篇之二十八

经元之甲一

经会之午七

经运之丙一百八十三

经世之子二千一百八十五

　　　经世之子二千一百八十五

甲子　商王祖辛十年。

乙丑

丙寅

丁卯

戊辰

---

① 四库本此年无事件。

己巳
庚午　商王祖辛崩,弟沃甲立。①
辛未
壬申
癸酉
甲戌
乙亥
丙子
丁丑
戊寅
己卯
庚辰
辛巳
壬午
癸未
甲申
乙酉
丙戌
丁亥
戊子
己丑
庚寅
辛卯
壬辰
癸巳

_____

① "甲",原作"丁",据四库本改。

经世之丑二千一百八十六

甲午 商王沃甲二十四年。①

乙未 商王沃甲崩,国乱,兄祖丁立。②

丙申

丁酉

戊戌

己亥

庚子

辛丑

壬寅

癸卯

甲辰

乙巳

丙午

丁未

戊申

己酉

庚戌

辛亥

壬子

癸丑

甲寅

乙卯

丙辰

---

① 四库本此年无内容。

② 四库本此年无内容。

丁巳

戊午

己未

庚申

辛酉

壬戌

癸亥

　　经世之寅二千一百八十七

甲子　商王祖丁二十九年。

乙丑

丙寅

丁卯　商王祖丁崩，国乱，沃甲之子南庚立。

戊辰

己巳

庚午

辛未

壬申

癸酉

甲戌

乙亥

丙子

丁丑

戊寅

己卯

庚辰

辛巳

壬午

癸未

甲申

乙酉

丙戌

丁亥

戊子

己丑

庚寅

辛卯

壬辰　商王南庚崩，国乱，祖丁之子阳甲立。诸侯不朝。①

癸巳

　　　经世之卯二千一百八十八

甲午　商王阳甲二年。

乙未

丙申

丁酉

戊戌

己亥　商王阳甲崩，弟盘庚立。复归于亳，改号曰殷。

庚子

辛丑

壬寅

癸卯

甲辰

―――――――

①　四库本此年内容在后一年"癸巳"项下。又，四库本无"国"字。

乙巳

丙午

丁未

戊申

己酉

庚戌

辛亥

壬子

癸丑

甲寅

乙卯

丙辰

丁巳

戊午

己未

庚申

辛酉

壬戌

癸亥

　　经世之辰二千一百八十九

甲子　商王盘庚二十五年。

乙丑

丙寅

丁卯　商王盘庚崩,弟小辛立。

戊辰

己巳

庚午

辛未

壬申

癸酉

甲戌

乙亥

丙子

丁丑

戊寅

己卯

庚辰

辛巳

壬午

癸未

甲申

乙酉

丙戌

丁亥

戊子　商王小辛崩，弟小乙立。

己丑

庚寅

辛卯

壬辰

癸巳

　　　经世之巳二千一百九十
甲午　商王小乙六年。

乙未

丙申

丁酉

戊戌

己亥

庚子

辛丑

壬寅

癸卯

甲辰

乙巳

丙午

丁未

戊申

己酉

庚戌

辛亥

壬子

癸丑

甲寅

乙卯

丙辰　商王小乙崩,子武丁践位,是谓高宗。甘盘为相。以梦求傅
　　　说,得之。①

丁巳

---

① "之"后,四库本有"于傅岩"三字。

戊午

己未

庚申

辛酉

壬戌

癸亥

　　经世之午二千一百九十一

甲子　商王武丁八年。

乙丑

丙寅

丁卯

戊辰

己巳

庚午

辛未

壬申

癸酉

甲戌

乙亥

丙子

丁丑

戊寅

己卯

庚辰

辛巳

壬午

癸未

甲申

乙酉

丙戌

丁亥

戊子

己丑

庚寅

辛卯

壬辰

癸巳

　　经世之未二千一百九十二

甲午商王武丁三十八年。①

乙未

丙申

丁酉

戊戌

己亥

庚子

辛丑

壬寅

癸卯

甲辰

乙巳

————————

① "商王",原作"商三",据四库本改。

丙午

丁未

戊申

己酉

庚戌

辛亥

壬子

癸丑

甲寅

乙卯　商王高宗崩,弟祖庚立。

丙辰

丁巳

戊午

己未

庚申

辛酉

壬戌　商王祖庚崩,弟祖甲立。

癸亥

　　经世之申二千一百九十三

甲子　商王祖甲二年。

乙丑

丙寅

丁卯

戊辰

己巳

庚午

辛未

壬申

癸酉

甲戌

乙亥

丙子

丁丑

戊寅

己卯

庚辰

辛巳

壬午

癸未

甲申

乙酉

丙戌

丁亥

戊子

己丑

庚寅

辛卯

壬辰

癸巳 周文王生。

　　经世之酉二千一百九十四

甲午 商王祖甲三十二年。

乙未 商王祖甲崩,子廪辛践位。

丙申

丁酉

戊戌

己亥

庚子

辛丑　商王廪辛崩，弟庚丁立。

壬寅

癸卯

甲辰

乙巳

丙午

丁未

戊申

己酉

庚戌

辛亥

壬子

癸丑

甲寅

乙卯

丙辰

丁巳

戊午

己未

庚申

辛酉

壬戌　商王庚丁崩,子武乙践位,徙居河北。

癸亥

　　　经世之戌二千一百九十五

甲子　商王武乙二年。

乙丑

丙寅　商王武乙震死,太丁立。①

丁卯

戊辰

己巳　商王太丁崩,子帝乙践位。

庚午

辛未

壬申

癸酉

甲戌

乙亥

丙子

丁丑

戊寅

己卯　周文王始即诸侯位。

庚辰

辛巳

壬午

癸未

甲申

────────────

① "太"前,四库本有"子"字。

乙酉

丙戌

丁亥

戊子

己丑

庚寅

辛卯

壬辰

癸巳

经世之亥二千一百九十六

甲午 商王帝乙二十五年。

乙未

丙申

丁酉

戊戌

己亥

庚子

辛丑

壬寅

癸卯

甲辰

乙巳

丙午 商王帝乙崩,次子受辛立,是谓之纣。

丁未

戊申

己酉

庚戌

辛亥

壬子

癸丑

甲寅　始嬖妲己。

乙卯

丙辰

丁巳

戊午

己未

庚申

辛酉　商囚文王于羑里。

壬戌

癸亥　商纣乃放文王。归于国，①锡命为西方诸侯。②

以运经世之五　观物篇之二十九

经元之甲一

经会之午七

经运之丁一百八十四

经世之子二千一百九十七

　　　经世之子二千一百九十七

甲子　商王受辛十八年。西伯伐崇。自岐徙居丰。

乙丑　周西伯伐密须。

丙寅　周西伯戡黎。

---

① "商"后，四库本有"王"字。四库本无"乃"字。
② "侯"后，四库本有"伯"字。

丁卯　周西伯伐邘。①

戊辰

己巳　周文王没，元子发践位，是谓武王。葬文王于毕。

庚午

辛未

壬申

癸酉

甲戌

乙亥

丙子

丁丑　周武王东观兵于盟津。

戊寅　商王受杀太师比干，②囚箕子。微子以祭器奔周。

己卯　吕尚相。武王伐商。师逾盟津，大陈兵于商郊，败之于牧野，
　　　杀受，③立其子武庚为后。还归，④在丰践天子位。南面，朝
　　　诸侯。大诰天下。以子月为岁始，曰年，与民更始。

庚辰　命管叔、蔡叔、霍叔守邶、鄘、卫之三邑，谓之三监。

辛巳

壬午

癸未

甲申

乙酉　周武王崩，元子诵践位，是谓成王。周公为太师，召公为太
　　　保。二公分治陕、洛，受顾命，率天下诸侯夹辅王室。葬武王

---

① "邘"，原作"邢"，据四库本改。
② "受"，四库本作"纣"。
③ "受"，四库本作"纣"。
④ "归"，四库本作"师"。

　　　于毕。

丙戌　三监及淮夷叛。周公东征,大诰天下。

丁亥

戊子　三监平。始黜商命,①杀武庚,命微子启于宋,以祀商后。②
　　　封康叔于卫,以保商民。命箕子于高丽。辟管叔于商,囚蔡
　　　叔于郭邻,降霍叔为庶人,不齿。东征淮夷,鲁侯伯禽誓师于
　　　费,淮夷平,遂践奄。肃慎来贺。

己丑

庚寅　往营成周。命召公相宅。

辛卯

壬辰　成周既成,周公分政成周东郊,③以王命诰《多士》。

癸巳

　　　经世之丑二千一百九十八

甲午　周成王九年。

乙未

丙申　周公没,命君陈分政成周东郊。④　葬周公于毕。

丁酉

戊戌

己亥

庚子

辛丑

壬寅

---

① “始”,四库本作“治”。
② “以祀商后”,四库本作“代商侯”。
③ “政”,四库本作“正”。
④ “政”,四库本作“正”。

癸卯

甲辰

乙巳

丙午

丁未

戊申

己酉

庚戌

辛亥

壬子

癸丑

甲寅

乙卯

丙辰

丁巳

戊午

己未

庚申

辛酉

壬戌 周成王崩,召公、毕公受顾命,辅元子钊践位,是谓康王。

癸亥 周康王元年,命毕公代君陈分政成周东郊。①

　　经世之寅二千一百九十九

甲子 周康王二年。

乙丑

---

① "政",四库本作"正"。

丙寅
丁卯
戊辰
己巳
庚午
辛未
壬申
癸酉
甲戌
乙亥
丙子
丁丑
戊寅
己卯
庚辰
辛巳
壬午
癸未
甲申
乙酉
丙戌
丁亥
戊子　周康王崩,子瑕践位,是谓昭王。
己丑
庚寅
辛卯

壬辰

癸巳

　　经世之卯二千二百

甲午　周昭王六年。

乙未

丙申

丁酉

戊戌

己亥

庚子

辛丑

壬寅

癸卯

甲辰

乙巳

丙午

丁未

戊申

己酉

庚戌

辛亥

壬子

癸丑

甲寅

乙卯

丙辰

丁巳

戊午

己未

庚申

辛酉

壬戌

癸亥

　　经世之辰二千二百一

甲子　周昭王三十六年。①

乙丑

丙寅

丁卯

戊辰

己巳

庚午

辛未

壬申

癸酉

甲戌

乙亥

丙子

丁丑

戊寅

己卯　周昭王南巡，不返。子满立，是谓穆王。

庚辰

──────────

①　四库本此年无内容。

辛巳

壬午

癸未

甲申

乙酉

丙戌

丁亥

戊子

己丑

庚寅

辛卯

壬辰

癸巳

　　经世之巳二千二百二

甲午　周穆王十五年。

乙未

丙申

丁酉

戊戌

己亥

庚子

辛丑

壬寅

癸卯

甲辰

乙巳

丙午

丁未

戊申

己酉

庚戌

辛亥

壬子

癸丑

甲寅

乙卯

丙辰

丁巳

戊午

己未

庚申

辛酉

壬戌

癸亥

　　经世之午二千二百三

甲子　周穆王四十五年。

乙丑

丙寅

丁卯

戊辰

己巳

庚午

辛未

壬申

癸酉

甲戌　周穆王崩,子繄扈践位,是谓共王。

乙亥

丙子

丁丑

戊寅

己卯

庚辰

辛巳

壬午

癸未

甲申

乙酉

丙戌　周共王崩,子囏践位,是谓懿王。

丁亥

戊子

己丑

庚寅

辛卯

壬辰

癸巳

　　经世之未二千二百四

甲午　周懿王八年。①

————————

①　四库本无"周懿王八年"五字。

乙未
丙申
丁酉
戊戌
己亥
庚子
辛丑
壬寅
癸卯
甲辰
乙巳
丙午
丁未
戊申
己酉
庚戌
辛亥　周懿王崩,穆王子辟方立,是谓孝王。
壬子
癸丑
甲寅
乙卯
丙辰
丁巳
戊午
己未
庚申

辛酉

壬戌

癸亥

　　经世之申二千二百五

甲子 周孝王十三年。

乙丑

丙寅 周孝王崩,懿王子燮立,是谓夷王。国自此衰矣。

丁卯

戊辰

己巳

庚午

辛未

壬申

癸酉

甲戌

乙亥

丙子

丁丑

戊寅

己卯

庚辰

辛巳

壬午 周夷王崩,子胡践位,[①]是谓厉王。

癸未

---

① "胡",原作"起",据四库本改。

甲申

乙酉

丙戌

丁亥

戊子

己丑

庚寅

辛卯

壬辰

癸巳

　　经世之酉二千二百六

甲午　周厉王十二年。

乙未

丙申

丁酉

戊戌

己亥

庚子

辛丑

壬寅

癸卯

甲辰

乙巳

丙午

丁未

戊申

己酉

庚戌

辛亥

壬子

癸丑　周厉王好利,①以荣公为卿。

甲寅

乙卯

丙辰　杀谏臣以为谤己者。

丁巳

戊午

己未　周厉王为国人所逐,出奔彘。周、召二伯行政,谓之共和。太
　　　子静匿于召公家。文、武之德自此尽矣。

庚申

辛酉

壬戌

癸亥

　　　经世之戌二千二百七

甲子　周厉王四十二年,在彘。

乙丑

丙寅

丁卯

戊辰

己巳

庚午

---

①　四库本无"周"字。

辛未

壬申

癸酉　周厉王死于彘。周、召二伯立太子静，是谓宣王。有仲山甫、
　　　尹吉甫、方叔、申伯为辅，大修文、武之功。

甲戌　周宣王北伐猃狁，[1]至于太原，吉甫为将。

乙亥　周宣王南征荆蛮，方叔为将。

丙子

丁丑

戊寅

己卯

庚辰

辛巳

壬午

癸未

甲申

乙酉

丙戌

丁亥

戊子

己丑

庚寅

辛卯

壬辰

癸巳

――――――――

① 四库本无"周"字。后条同。

经世之亥二千二百八

甲午 周宣王二十一年。

乙未 宣王封弟友于郑。①

丙申

丁酉

戊戌

己亥

庚子

辛丑

壬寅

癸卯

甲辰

乙巳 伐鲁，立孝公。

丙午

丁未

戊申

己酉

庚戌

辛亥

壬子 伐姜戎，②师败于千亩，遂失南国。

癸丑 料民于太原。

甲寅

乙卯

丙辰

---

① 四库本此年无内容。
② "姜"，原作"羌"，据四库本改。

丁巳

戊午

己未　周宣王崩，太子宫涅践位，是谓幽王。

庚申

辛酉

壬戌　始嬖褒姒。

癸亥

以运经世之六　观物篇之三十

经元之甲一

经会之午七

经运之戊一百八十五

经世之子二千二百九

　　经世之子二千二百九

甲子［前777年］周幽王五年。废申后及太子宜臼，以褒姒为后，伯
　　服为太子，虢石父为卿。

乙丑

丙寅

丁卯

戊辰

己巳

庚午［前771年］申侯以犬戎伐周，败幽王于骊山，杀之。晋、秦率
　　郑、卫之君逐犬戎，立太子宜臼，是谓平王。东徙居洛邑，是谓
　　东周。

辛未［前770年］周平王锡晋文侯、秦襄公，命秦分岐西，晋分河内。

壬申［前769年］秦立西畤，祠白帝。鲁惠公即位。

癸酉

甲戌

乙亥［前 766 年］秦文公即位。

丙子

丁丑

戊寅

己卯［前 762 年］秦东徙居汧渭之间。

庚辰

辛巳

壬午

癸未［前 758 年］卫庄公即位。

甲申

乙酉［前 756 年］秦作鄜畤。

丙戌

丁亥

戊子

己丑

庚寅

辛卯

壬辰

癸巳

　　　经世之丑二千二百一十

甲午［前 747 年］周平王二十四年。

乙未［前 746 年］晋昭侯即位。

丙申［前 745 年］晋昭侯封弟成师于曲沃。

丁酉［前 744 年］郑庄公即位。

戊戌[前 743 年]郑庄公封弟段于京城。①

己亥

庚子[前 741 年]卫公子州吁阻兵。

辛丑[前 740 年]楚乱,熊通弑其君,代立。

壬寅[前 739 年]晋乱,大夫潘父弑其君昭侯而纳桓叔,②不克。国
　　人杀潘父而立君之弟平,是谓孝侯。

癸卯

甲辰

乙巳

丙午

丁未

戊申[前 733 年]卫州吁出奔。

己酉

庚戌[前 731 年]晋曲沃桓叔卒,子庄伯继。齐庄公卒,子釐公立。

辛亥

壬子[前 729 年]宋桓公疾,让其弟穆公。

癸丑

甲寅

乙卯

丙辰

丁巳[前 724 年]晋曲沃庄伯入翼,弑其君孝侯。国人逐庄伯,立孝
　　侯子,是谓鄂侯。

戊午

己未[前 722 年]鲁隐公立。

————————————

① "段",原作"叚",据四库本改。
② "而纳",四库本作"入曲沃"。

庚申

辛酉［前720年］周平王崩，其孙林立，是谓桓王，与郑交恶。宋穆
　　公病，让其兄之子殇公。世子冯奔郑。

壬戌［前719年］卫公子州吁作难，弑其君桓公，代立。宋会陈、蔡、
　　卫三国之师伐郑。杀州吁于濮。国人迎公之弟晋于邢而立
　　之，是谓宣公。

癸亥［前718年］晋曲沃庄伯以郑、邢之师攻翼，王使尹①、武氏为
　　之助，翼侯出奔随。庄伯叛王，王使虢伐庄伯，复奔曲沃。晋
　　人及虢侯立翼侯子光，是谓哀侯。郑伐宋。

　　经世之寅二千二百一十一

甲子［前717年］周桓王三年。晋翼侯自随入于鄂，是谓鄂侯。

乙丑［前716年］晋曲沃庄伯卒，子称继，是谓武公。

丙寅［前715年］宋、齐、卫之君盟于瓦屋。

丁卯［前714年］秦自汧渭之间徙居郿。②

戊辰［前713年］齐会鲁、郑之师伐宋。

己巳［前712年］鲁乱，羽父子翚弑其君隐公，③立惠公之子，是谓
　　桓公。羽父为之太宰。④

庚午

辛未［前710年］宋乱，太宰华督杀司马孔父及弑其君殇公，迎穆公
　　子冯于郑立，⑤是谓庄公。

壬申［前709年］晋曲沃武公败晋师于汾旁，获哀侯，晋人立其子，
　　是谓小子侯。

---

① "尹"后，四库本有"氏"字。
② "郿"，原作"雍"，据四库本改。
③ "羽父"，四库本作"公"。
④ "羽父为之太宰"，四库本作"翚为之辅"。
⑤ "郑"后，四库本有"而"字。"立"后，四库本有"之"字。

癸酉［前 708 年］晋曲沃武公弑其君哀侯于曲沃。

甲戌［前 707 年］周桓王以蔡、卫、陈之师伐郑，不利，矢中王肩。

乙亥［前 706 年］蔡人杀陈佗。戎伐齐，①郑使公子忽救之，有功。②
　　楚伐随，俾请王之号于周。

丙子［前 705 年］晋曲沃武公入翼，杀小子侯。王使虢仲伐称，复归
　　曲沃。③虢仲立哀侯弟潜。④

丁丑［前 704 年］秦乱，宁公卒，三父废世子而庚立它子。⑤是年，
　　楚熊通伐随，东开地至濮上，遂称王，是谓武王。

戊寅

己卯

庚辰［前 701 年］郑庄公卒，世子忽继。宋执郑祭仲，立突，是谓厉
　　公，忽奔卫，祭仲专政。卫宣公杀其二子伋、寿。

辛巳［前 700 年］卫宣公卒，子朔立，是谓惠公。

壬午［前 699 年］齐会宋、卫、燕伐鲁，不利。

癸未［前 698 年］秦三父杀它子而立世子，⑥是谓武公。齐釐公卒，
　　世子诸儿继，是谓襄公。宋会齐、蔡、卫、陈伐郑。⑦

甲申［前 697 年］周桓王崩，太子佗嗣位，⑧是谓庄王。郑祭仲杀雍
　　纠而逐厉公，⑨迎忽反政，是谓昭公。秦伐彭戏氏至于华山。⑩
　　齐襄公削公子无知禄。宋会鲁、卫、陈伐郑。

---

① “戎”前，四库本有“北”字。
② 四库本无“有功”二字。
③ “复”前，四库本有“称”字。
④ “潜”，四库本作“缙”。
⑤ “它”，四库本作“出”。
⑥ “它”，四库本作“出”。
⑦ 四库本无“卫”字。
⑧ “位”，四库本作“立”。
⑨ “纠”，四库本作“纠”。
⑩ 四库本无“至”字。

乙酉[前 696 年]卫公子伋、寿傅逐惠公,立伋之弟黔牟,惠公出奔
　　齐。① 宋会鲁、卫、陈、蔡伐郑。

丙戌[前 695 年]秦夷三父族。郑高渠弥弑其君昭公,立其弟子亹,
　　渠弥专政。②

丁亥[前 694 年]周有黑肩之难。齐襄公杀鲁桓公于泺,立其子同,
　　是谓庄公。又会诸侯于首止,杀郑子亹。高渠弥逃归,与祭仲
　　迎公子婴于陈,立之。

戊子[前 693 年]周王姬下降于齐。

己丑[前 692 年]周葬桓王。

庚寅

辛卯[前 690 年]周伐随,责尊楚也。齐伐纪,纪侯大去其国。楚武
　　王帅师伐随,③子继,④是谓文王,始都郢。

壬辰[前 689 年]齐会宋、鲁、陈、蔡伐卫,入惠公。

癸巳[前 688 年]卫惠公复入,杀二公子泄。⑤ 黔牟奔周。

　　经世之卯二千二百一十二

甲午[前 687 年]周庄王十年。秦灭小虢。

乙未[前 686 年]齐公子无知以葵丘之戎卒入弑襄公,⑥代立。公
　　子纠奔鲁,小白奔莒。

丙申[前 685 年]齐人杀无知,公子小白入,是谓桓公。纠后入,不
　　克。齐伐鲁,杀纠,其傅召忽死之,管仲请囚,又相桓公。

丁酉[前 684 年]鲁败齐师于长勺,败宋师于乘丘。楚败蔡师于莘,

---

① 四库本无"惠"字。
② 四库本无"渠"字。
③ "楚武王帅师伐随",四库本作"楚王卒于伐随"。
④ "子"后,四库本有"赀"字。
⑤ "泄",四库本作"傅"。
⑥ "戎卒",四库本作"戎人"。

以蔡侯献舞归。① 自是江汉之国皆服于楚。

戊戌

己亥[前682年]周庄王崩,太子胡齐嗣位,是谓釐王。宋乱,南宫
　　万杀其君闵公及其大夫仇牧、太宰华督,②立公子游。群公子
　　奔萧。复以萧攻万,③及杀游,立公弟御说,是谓桓公。

庚子[前681年]齐会宋、陈、蔡、邾之师伐鲁,三败之,取遂。又会
　　鲁于柯,遂复其侵地,曹沫劫盟故也。

辛丑[前680年]齐会陈、曹及王人伐宋。楚师入蔡。

壬寅[前679年]齐桓公会宋、陈、卫、郑之君盟于鄄。晋曲沃武公
　　灭翼,以重宝入周,得请为诸侯。

癸卯[前678年]齐桓公会宋、陈、鲁、卫、郑、许、滑、滕之君盟于
　　幽。④ 秦武公卒,弟德公立。楚灭邓。

甲辰[前677年]周釐王崩,太子阆践位,⑤是谓惠王。晋武公卒,
　　子献公诡诸继。秦徙居雍。楚文王卒,世子囏继,是谓杜敖。

乙巳[前676年]秦德公卒,子宣公继。⑥

丙午

丁未[前674年]周有五大夫之难,⑦边伯、石速、芮国以蔡、卫之师
　　攻王,立弟颓。王出,居郑之栎。

戊申[前673年]郑厉公及虢叔入王于成周,杀颓而执仲父及五大
　　夫,难遂平。

① "以蔡侯",原作"齐侯",据四库本改。
② "杀",四库本作"弑"。"闵",四库本作"潜"。"仇牧",原作"地牧",据四库本改。
③ "攻万"原脱,据四库本补。
④ "宋陈",四库本作"陈宋"。
⑤ "阆践位",四库本作"闵嗣位"。
⑥ "宣公",原作"宣王",据四库本改。
⑦ "五大夫",原作"三大夫",据四库本改。下条"五大夫"同。

己酉［前672年］秦作密畤，败晋师于河曲。晋伐骊，获骊女以为
　　姬。① 陈公子完奔齐。楚乱，弟恽弑其君囏，②代立，③是谓
　　成王。

庚戌［前671年］楚修好于周及诸侯。

辛亥［前670年］卫惠公卒，子懿公继。

壬子［前669年］晋有骊姬之难，杀群公子，自翼徙居绛。

癸丑［前668年］晋伐虢，④责纳群公子也。

甲寅［前667年］周惠王锡齐桓公，命为伯。

乙卯［前666年］晋城曲沃及蒲。⑤ 楚伐郑。

丙辰

丁巳［前664年］齐伐山戎，至于孤竹，以救燕，俾修贡天子。秦宣
　　公卒，弟成公立。楚杀令尹子元，以斗谷于菟为令尹。

戊午

己未［前662年］鲁乱，叔牙弑其君庄公。子开立，⑥是谓湣公。季
　　友立世子班，不克，奔陈。

庚申［前661年］晋灭霍、魏、耿，以耿封赵凤，以魏封毕万。

辛酉［前660年］鲁乱，庆父以庄姜弑湣公，代立。季友逐庆父而立
　　公子申，是谓釐公。⑦ 狄灭卫，杀懿公。齐桓公攘戎狄而立戴
　　公，东徙渡河，⑧野处曹邑。⑨ 戴公卒，弟毁立，是谓文公。自

① 四库本无"骊"字。
② "弑"，四库本作"杀"。
③ "代立"，原作"伐立"，据四库本改。
④ "伐"，原作"代"，据四库本改。
⑤ "城"，原作"灭"，据四库本改。
⑥ 四库本无"子"字。
⑦ "釐"，四库本作"僖"。
⑧ "徙"，四库本作"处"。
⑨ "曹"，四库本作"漕"。

曹邑徙居楚丘。^① 晋伐东山皋落氏。秦成公卒，弟任好立，^②
是谓穆公。

壬戌［前659年］秦伐茅津。^③ 齐会宋、郑、鲁、曹、邾之君于柽。

癸亥［前658年］齐城楚丘以居卫，又会江、黄之君于贯。晋灭虢。

　经世之辰二千二百一十三

甲子［前657年］周惠王二十年。齐会宋、江、黄之君于阳谷。^④

乙丑［前656年］齐会宋、陈、鲁、卫、郑、许、曹之师伐蔡，^⑤遂入楚，
盟于召陵，执陈辕涛涂。晋杀世子申生，公子重耳走蒲，夷吾
奔屈。蔡娶晋女为夫人。^⑥

丙寅［前655年］齐桓公会宋、陈、鲁、卫、郑、许、曹之君及王世子盟
于［首止］。^⑦ 晋伐蒲，重耳奔翟。又伐虞及虢，虢君奔周。是
年秦始得志于诸侯，^⑧百里奚、蹇叔为之辅。楚灭弦。

丁卯［前654年］齐伐郑。晋伐屈。夷吾奔梁。

戊辰

己巳［前652年］周惠王崩，太子郑践位，^⑨是谓襄王。太叔作难。
齐帅宋、卫、许、曹、陈会王人于洮。^⑩ 晋伐翟，不利于嚣桑。

庚午［前651年］齐桓公会宰孔周公及宋、卫、郑、许、曹之君于
葵丘。宋襄公立。晋献公卒，公子奚齐立，大夫里克及丕

① "曹"，四库本作"漕"。
② "任好"，原作"伍好"，据四库本改。
③ "茅津"，原作"芽津"，据四库本改。
④ 四库本无"宋"字。"阳谷"，"阳"原脱，据四库本补。
⑤ 四库本无"陈"字。
⑥ "蔡"，四库本作"秦"。
⑦ "宋陈"，四库本作"陈宋"。底本"于"下有阙文，四库本作"首止"，据补。
⑧ "年秦"二字，原脱，据四库本补。
⑨ "践"，四库本作"嗣"。
⑩ "帅"，四库本作"师"。"王人"，原作"正人"，据四库本改。

郑杀之，①大夫荀息立其弟卓子。

辛未［前650年］晋里克杀其君卓子及大夫荀息而纳夷吾，夷吾入，
　　是谓惠公。惠公既立，杀里克而绝秦。

壬申［前649年］周乱，叔带以戎伐周，②秦、晋来救。

癸酉［前648年］③

甲戌［前647年］齐桓公会宋、陈、鲁、卫、郑、许、曹之君，盟于咸。
　　晋饥，秦输之粟。

乙亥［前646年］秦饥，晋闭之籴，而又伐之。楚灭英。

丙子［前645年］齐桓公会宋、陈、鲁、卫、郑、许、曹之君，盟于牡丘
　　以救徐。管仲卒，易牙专政。秦伐晋，败之于韩原，获其君夷
　　吾。夷吾献河西地，乃得还，仍以世子圉为质。

丁丑［前644年］戎攻周，④齐会诸侯师戍周。又会宋、鲁、卫、陈、
　　郑、许、邢、曹之君于淮，⑤以全鄫。

戊寅［前643年］齐桓公卒，五公子争国，公子无诡立，易牙专政。
　　世子昭出奔宋。

己卯［前642年］宋会曹、卫、邾伐齐，杀无诡，⑥败四公子，立世子
　　昭，是谓孝侯。狄伐卫。

庚辰［前641年］秦灭梁。

辛巳

壬午［前639年］宋襄公会楚、陈、蔡、郑、许、曹六国之君于盂，⑦为

---

① 底本"及"后有阙文，四库本阙文处作"丕郑"，据补。"丕郑"二字原脱，据四库
　　本补。
② "戎"，四库本作"戍"。
③ 此年底本无内容，四库本作"齐使管仲平周难。楚灭黄"。
④ "戎"，四库本作"戍"。
⑤ 四库本无"卫"字。
⑥ "杀无诡"，四库本作"无诡子"。
⑦ "盂"，原作"盍"，据四库本改。

楚所执。楚成王执襄公于会以伐宋，①盟而释之。②

癸未[前638年]齐入王叔带于周。秦、晋徙陆浑之戎于伊川。宋
　　会卫、许、滕伐郑，不利。晋公子圉自秦逃归。楚救郑，大败宋
　　师于泓。

甲申[前637年]周颓叔、桃子以狄师伐郑，遂以狄女隗氏为后。宋
　　襄公卒，子成公壬臣继。齐伐宋。楚伐陈。

乙酉[前636年]周襄王废狄后，颓叔、桃子以狄师攻周，王出居郑
　　之氾，叔带代立，与狄后居于温。晋有邵芮之难，惠公卒，世子
　　圉继，是谓怀公，秦穆公使人杀之，而入公子重耳，是谓文公，
　　赵衰为原大夫，专政。

丙戌[前635年]秦、晋之师灭王叔带于温，而纳王于成周。王享晋
　　文公于郏，而命益之河内地。卫文公卒，世子成公郑继。楚围
　　陈，以入顿子。

丁亥[前634年]宋背楚亲晋。楚灭夔，伐宋，又伐齐。③

戊子[前633年]齐孝公卒，弟潘父杀世子，代立，是谓昭公。晋救
　　宋，作三军，楚使子玉伐宋。④

己丑[前632年]周襄王狩于河阳。晋会齐、宋、蔡、秦之师伐卫，大
　　败楚师于城濮，遂会齐、宋、蔡、郑、鲁、卫之君，盟于践土。楚
　　救郑，不利，杀令尹子玉得臣。

庚寅[前631年]晋会王人及诸侯于翟泉。

辛卯[前630年]卫成公自陈如周，周请晋纳成公于卫而诛大夫元
　　咺及公子瑕。秦、晋围郑。

---

① “襄”前，四库本有“宋”字。
② “释”，原作“梓”，据四库本改。
③ “又”，原作“父”，据四库本改。
④ “子玉”，原作“子五”，据四库本改。

壬辰［前 629 年］鲁取济西田。卫徙居帝丘。

癸巳［前 628 年］晋文公卒，世子欢继，是谓襄公。

　　　经世之巳二千二百一十四

甲午［前 627 年］周襄王二十五年。① 秦穆公伐郑，晋败秦师于殽，
　　　获其帅孟明视、西乞术、白乙丙。鲁僖公卒，世子兴继，是谓
　　　文公。

乙未［前 626 年］晋归秦三帅。楚乱，世子商臣弑其君恽，②代立，
　　　是谓穆王。

丙申［前 625 年］秦伐晋，不利于彭衙。③

丁酉［前 624 年］秦伐晋，取王官。楚伐江，晋师来救。

戊戌［前 623 年］秦伐西戎，破国十二。楚灭江。

己亥［前 622 年］晋赵成子衰卒，④子盾继事。楚灭六。

庚子［前 621 年］秦穆公卒，世子罃继，是谓康公。葬穆公，三良为
　　　殉。晋襄公卒。

辛丑［前 620 年］晋世子夷皋继，是谓灵公。宋成公卒，⑤国乱，弟
　　　御杀世子代立，⑥国人杀御，立公子杵白，⑦是谓昭公。齐率
　　　宋、卫、陈、郑、许、曹之君会赵盾于扈。

壬寅［前 619 年］周襄王崩，太子壬臣嗣位，是谓顷王。

癸卯［前 618 年］周葬襄王。晋会诸侯人救郑。秦伐晋，取武遂。

甲辰［前 617 年］晋伐秦，取少梁。秦伐晋，取北征。⑧

---

① "二十五年"，"二"，原作"一"，据四库本改。
② "弑"，四库本作"杀"。
③ "彭衙"，原作"彭卫"，据四库本改。
④ "赵成子"，"成"，原作"襄"，据四库本改。
⑤ "宋"，原作"卫"，据四库本改。
⑥ 四库本无"子"字。
⑦ "立公"，四库本作"公立"。
⑧ "北"，四库本作"比"。

乙巳［前616年］鲁败狄于咸，获其帅乔如。

丙午［前615年］秦伐晋，取羁马。

丁未［前614年］楚穆王卒，世子莒继，是谓庄王。

戊申［前613年］周顷王崩，国乱，公卿争权，晋赵盾平周乱而立王
　　子班，是谓匡王。宋及诸侯盟于新城。齐昭公卒，国乱，公子
　　商人杀世子舍，代立，是谓懿公。

己酉［前612年］秦伐蔡。齐伐鲁。

庚戌［前611年］齐修郪丘之盟。宋人弑其君昭公，弟鲍立，是谓文
　　公。楚灭庸。

辛亥［前610年］晋会卫、陈、郑伐宋。

壬子［前609年］鲁文公卒于台下，襄仲杀世子恶而立公子俀，①是
　　谓宣公，三桓专政。秦康公卒，世子稻继，是谓共公。齐乱，大
　　夫丙歜杀其君懿公，②立公子元，是谓惠公。宋乱，群公子
　　作难。

癸丑［前608年］齐取鲁济西。③晋伐郑。楚侵陈及宋。

甲寅［前607年］周匡王崩，弟瑜立，是谓定王。郑败宋师于大棘，
　　获其太宰华元。晋伐郑。秦伐晋。晋赵盾弑其君灵公，迎襄
　　公弟黑臀于周，立之，是谓成公。

乙卯［前606年］周葬匡王。楚伐陆浑之戎，遂观兵于周郊。

丙辰［前605年］郑乱，公子作难。

丁巳［前604年］晋伐陈以救郑。秦共公卒，世子稻继，④是谓
　　桓公。

---

① “俀”，原作“倭”，据四库本改。
② “杀”，四库本作“弑”。
③ “西”后，四库本有“田”字。
④ “世子稻继”，四库本作“子继”。

戊午[前603年]晋赵盾、卫孙免侵陈。

己未[前602年]晋会诸侯于黑壤。

庚申[前601年]晋伐秦。楚灭舒、蓼。

辛酉[前600年]晋侯会宋、卫、陈、郑于扈,陈不至,遂伐陈。晋成
　　公卒于扈,公子据立,是谓景公。赵盾卒,子朔继事。

壬戌[前599年]齐归鲁济西田。齐惠公卒,公子无野继,①是谓顷
　　公,大夫崔杼奔卫。陈乱,夏征舒弑其君灵公。晋伐郑,楚师
　　来救。楚伐郑,晋师来救。

癸亥[前598年]楚伐陈,诛夏征舒,纳公孙宁、仪行父于陈。②
　　经世之午二千二百一十五

甲子[前597年]周定王十年。楚伐郑,大败晋师于河上。晋屠岸
　　贾作难于下宫,杀赵朔及其族,朔妻匿于公宫,生武。

乙丑[前596年]楚伐宋。

丙寅[前595年]楚围宋。

丁卯[前594年]周定王杀二伯。晋灭赤狄及潞氏。③

戊辰[前593年]周宣王榭火。④ 晋灭申氏,又平王室之乱。

己巳[前592年]晋会诸侯之君于断道。

庚午[前591年]鲁宣公卒,世子黑肱继,是谓成公。晋伐齐。楚庄
　　王卒,世子审继,是谓共王。

辛未[前590年]周伐茅戎,不利。

壬申[前589年]齐伐卫,⑤败鲁、卫之师于新筑。⑥ 晋会诸侯之师

----

① "继",四库本作"立"。
② "仪"后,四库本有"行父"二字。原脱,据四库本补。
③ "狄",原作"伏",据四库本改。
④ "周",原作"楚",据四库本改。
⑤ "伐"后,四库本有"鲁"字。
⑥ 四库本无"卫"字。

救卫,大败齐师于鞌。① 宋文公卒,子瑕继,是谓共公,华元专国,两盟于晋、楚。楚会十国之人于蜀。②

癸酉[前 588 年]晋会宋、卫、鲁、曹伐郑。郑两伐许。

甲戌[前 587 年]晋伐楚,救郑。

乙亥[前 586 年]周定王崩,太子夷嗣位,是谓简王。晋会齐、宋、卫、鲁、郑、曹、邾、杞八国之君,盟于虫牢。楚伐郑。

丙子[前 585 年]楚伐郑,晋救郑。是年,寿梦称王于吴。

丁丑[前 584 年]晋会齐、宋、鲁、卫、曹、邾、莒八国之君于马陵以救郑。吴王寿梦始通好中国。

戊寅[前 583 年]晋杀大夫赵同、赵括。③

己卯[前 582 年]晋会齐、宋、鲁、卫、郑、曹、邾、杞八国之君,盟于蒲。齐顷公卒,子环继,是谓灵公。晋伐郑。秦伐晋。楚伐莒,入郓。

庚辰[前 581 年]晋景公有疾,授世子州蒲位,④是谓厉公。景公卒,程婴攻屠岸贾[于公宫],⑤灭其族,复赵武、赵朔之封邑。程婴请死。

辛巳[前 580 年]秦、晋修夹河之盟。⑥

壬午[前 579 年]晋、楚同盟于宋。晋败狄于交刚。⑦

癸未[前 578 年]鲁成公朝于周。晋会齐、宋、鲁、卫、郑、曹、邾、滕八国之师,⑧伐秦,败之于麻遂。

———————————

① "鞌",原作"安革"二字,据四库本改。
② "国之人于蜀"五字原脱,据四库本补。
③ "同赵括"三字原脱,据四库本补。
④ "授世子"三字原脱,据四库本补。
⑤ "于公宫"三字原脱,据四库本补。
⑥ "夹河之盟"四字原脱,据四库本补。
⑦ "宋晋"二字原脱,据四库本补。"宋"属上读,"晋"属下读。
⑧ "晋会"二字原脱,据四库本补。

甲申[前 577 年]秦桓公卒,子景公继。①

乙酉[前 576 年]晋会诸侯之君于戚。宋共公卒,国乱,大司马唐山
　　杀世子肥,右师华元、左师鱼石诛唐山,②而立公子成,是谓平
　　公。楚迁许于叶。③ 吴大会诸侯之君于锺离。

丙戌[前 575 年]晋伐郑,大败楚师于鄢陵。④ 楚救郑,不克,矢中
　　王目,诛令尹侧。

丁亥[前 574 年]晋会诸侯,盟于柯陵。是年,晋杀三郤。

戊子[前 573 年]晋乱,栾书弑其君厉公,迎公子周于周,立之,是谓
　　悼公。鲁成公卒,子午继,是谓襄公。楚会郑伐宋,入彭城。⑤
　　晋侯会宋公、鲁仲孙蔑、卫侯、邾子、齐崔杼,同盟于虚杅。⑥

己丑[前 572 年]周简王崩,太子泄心嗣位,是谓灵王。晋会诸侯之
　　师伐宋,围彭城。

庚寅[前 571 年]周葬简王。晋伐郑,会诸侯之师于戚,以城虎牢。

辛卯[前 570 年]晋会八国之君,盟于鸡泽。楚伐吴,至于衡山。

壬辰[前 569 年]晋用魏绛。楚伐陈。

癸巳[前 568 年]晋会诸国之师于戚城,⑦又救陈。吴会鲁、卫之君
　　于善道。

　　经世之未二千二百一十六

甲午[前 567 年]周灵王五年。

乙未[前 566 年]晋会七国之君于鄬。

---

① "公继"二字原脱,据四库本补。
② "左",原作"右","鱼石",原作"子鱼",据四库本改。
③ "叶",原作"业",据四库本改。
④ "鄢",原作"鄂",据四库本改。
⑤ 四库本无"入"字。
⑥ "虚杅",原作"虚杼",据四库本改。
⑦ "国",四库本作"侯"。

丙申［前 565 年］晋会诸国之君于邢丘。郑子驷杀群公子。

丁酉［前 564 年］秦伐晋。晋会十一国之君伐郑，楚亦伐郑。郑两
　　盟晋、楚。

戊戌［前 563 年］晋率十一国之君会吴寿梦于柤，①以灭偪阳。② 又
　　会十一国之师伐郑，又伐秦。楚伐宋，又救郑。

己亥［前 562 年］晋两会十一国之师伐郑，赐魏绛食采安邑。秦伐
　　晋，救郑。鲁三桓分军。楚伐郑，又伐宋。

庚子［前 561 年］楚会秦伐宋。吴寿梦卒，长子诸樊继。

辛丑［前 560 年］楚共王卒，③子昭废世子，代立，是谓康王。吴伐
　　楚，不利。

壬寅［前 559 年］晋率齐、宋、鲁、卫、郑、曹、莒、邾、滕、薛、杞、小邾
　　十二国之君，会吴诸樊于向，④又会诸侯之师伐秦。卫乱，孙
　　林父、甯殖作难，⑤卫侯出奔齐。楚伐吴，有功。

癸卯［前 558 年］晋悼公卒，子彪继，是谓平公。

甲辰［前 557 年］晋侯会宋、鲁、卫、郑、曹、莒、邾、薛、杞、小邾十国
　　之君，盟于溴梁，⑥执莒子、邾子以归。又伐楚，至于方城。

乙巳

丙午［前 555 年］晋用范、中行，会宋、卫、鲁、郑、曹、莒、邾、滕、杞、
　　小邾十一国之师伐齐，⑦败之于靡下，进围临淄，齐灵公奔莒。

丁未［前 554 年］齐废世子光，以公子牙为世子，崔杼复废牙，立光

---

① “柤”，原作“租”，据四库本改。
② “偪阳”，原作“逼阳”，据四库本改。
③ “王”，原作“公”，据四库本改。
④ “向”，原作“卫”，据四库本改。
⑤ “甯殖”，原作“甯桓”，据四库本改。
⑥ “溴梁”，“溴”，原作“大”，四库本作“溴”，据《左传》襄十六年改。
⑦ “滕”后，四库本有“薛”字。

为世子。灵公卒,光继,是谓庄公,崔杼当国。郑简公诛大夫子孔,①以子产当国。

戊申[前 553 年]晋侯会十二国之君,②盟于澶渊。

己酉[前 552 年]晋侯会八国诸侯,盟于商壬。栾盈奔楚。

庚戌[前 551 年]晋会十一国之君,盟于沙随。楚杀令尹子南。晋栾盈自楚适齐。

辛亥[前 550 年]栾盈自齐复入于晋,不克,死。范、中行灭栾氏之族。齐伐晋,取朝歌。

壬子[前 549 年]晋会十一国之君于夷仪。楚伐吴,又会诸侯伐郑。③

癸丑[前 548 年]齐乱,崔子弑其君庄公,④立异母弟杵臼,是谓景公,崔杼为右相,庆封为左相。晋败齐师于高唐。⑤ 楚会陈伐郑及灭舒鸠。吴伐楚,不利,诸樊死,弟余祭立,封季札于延陵。

甲寅[前 547 年]卫乱,甯喜、孙林父争权,林父不胜,奔晋,甯喜弑其君剽。晋执甯喜,求卫侯于齐而纳之,⑥封林父于宿。齐庆封夷崔杼族而专国。郑封子产六邑。⑦ 楚会陈、蔡伐郑。

乙卯[前 546 年]晋用赵武为正卿,是谓文子,与韩宣子起、魏武子绛同执国命,⑧会诸侯大夫于宋。⑨ 卫诛甯喜。晋、楚、齐、秦

---

① "子孔",原作"子札",据四库本改。
② "十二",原作"十一",据四库本改。
③ "会诸侯"三字,原在"楚"后,据四库本改。
④ "子",四库本作"杼"。
⑤ "唐",四库本作"堂"。
⑥ "侯于",原作"公子",据四库本改。
⑦ "郑",据四库本补。
⑧ "国命"二字原脱,据四库本补。
⑨ "侯"后,四库本有"之"字。

同会于宋,①从向戌之请,将弭兵也。②

丙辰[前545年]周灵王崩,太子贵嗣位,是谓景王。齐庆封弛政,
　　其子舍及田、鲍、高、栾之徒逐之,庆封奔鲁,又适吴。楚康王
　　卒,世子麇继,是谓郏敖。

丁巳[前544年]晋智伯会十国诸侯人城杞。③楚用叔围为令尹。
　　吴乱,余祭遇弑,④弟余昧立。季札使鲁、齐、郑、晋。

戊午[前543年]蔡乱,世子弑其君,代立。郑乱,群公子争宠。宋
　　灾。晋会诸侯人于澶渊。⑤

己未[前542年]鲁襄公卒,世子又卒,⑥国人立齐归之子裯,⑦是谓
　　昭公,季武子专政。⑧

庚申[前541年]晋赵武会诸国之大夫于虢。⑨楚乱,令尹围弑其
　　君麇,代立,是谓灵王,公子比奔晋,蒍罢为令尹。

辛酉[前540年]晋韩宣子起使鲁。

壬戌[前539年]鲁昭公朝晋。齐晏婴使晋。郑伯朝晋,⑩又朝楚。

癸亥[前538年]楚会十一国之君于申,执徐子于会,又会七国诸侯
　　师伐吴之朱方以诛齐庆封。⑪吴拔楚三邑。

　　经世之申二千二百一十七

甲子[前537年]周景王八年。楚会诸侯伐吴。秦景公卒,世子继,

---

① "会"下,原有"兵"字,据四库本删。
② "也",原作"步",据四库本改。
③ "人",四库本作"入"。
④ "遇弑",原作"过蔡",据四库本改。
⑤ "人于澶渊"四字原脱,据四库本补。
⑥ "公卒世子又"五字原脱,据四库本补。"公卒"属上读,"世子又"属下读。
⑦ "裯",原作"惆",四库本作"裯",据《左传》襄公三十一年改。
⑧ "子专政"三字原脱,据四库本补。
⑨ "国",四库本作"侯"。
⑩ "伯",原作"侯",据四库本改。
⑪ 四库本无"师"字。"朱方"二字原脱,据四库本补。

是谓哀公。

乙丑［前536年］齐北伐燕。楚东伐吴,吴败楚师于乾谿。①

丙寅［前535年］楚起章华台。②

丁卯［前534年］楚灭陈,执其公子招,放之于越。

戊辰

己巳［前532年］晋平公卒,世子夷继,是谓昭公。③ 齐陈、鲍逐栾、
　　高氏于鲁,④分其室。

庚午［前531年］晋韩起会齐、宋、鲁、卫、郑、曹、杞之大夫于厥
　　慭。⑤ 楚诱蔡侯于申,杀之,公子弃疾灭蔡,守之,执其世子有
　　归,用之。

辛未［前530年］鲁朝晋。楚伐徐。

壬申［前529年］晋昭公会齐、卫、郑、曹、莒、邾、滕、薛、杞、小邾之
　　君,盟于平丘,⑥鲁不得与,执季孙意如以归。楚公子比自晋
　　归,弑其君于乾谿。公子弃疾自蔡入,杀比代立,是谓平王。
　　释陈、蔡二君归国。吴灭州来。

癸酉［前528年］楚复诸侯侵地,观从用政。

甲戌［前527年］晋伐鲜虞。楚费无忌为太子建逆妇于秦。吴余昧
　　卒,季札逃,国人立余昧子僚。

乙亥［前526年］晋昭公卒,子去疾立,是谓顷公。楚诱戎蛮子,
　　杀之。

丙子［前525年］晋灭陆浑之戎。吴伐楚。

---

① 四库本无"吴"字。
② "起章华台"四字原脱,据四库本补。
③ "昭",原作"元",据四库本改。后同。
④ "鲁",原作"晋",据四库本改。
⑤ "之",原作"郏",据四库本改。
⑥ "平",原作"灵",据四库本改。

丁丑[前524年]周铸大钱。宋、卫、陈、郑灾。① 楚迁许于白羽。

戊寅[前523年]楚用费无忌专政,放太子建于城父。

己卯[前522年]齐景公与大夫晏婴入鲁,问礼。宋有华氏之难,大
　　夫华亥、华定、向宁奔陈。楚世子建自城父奔宋,又适郑,又适
　　晋。其傅伍奢及其一子死于楚,子员奔吴。②

庚辰[前521年]宋华亥、华定、向宁入宋南里,叛。

辛巳[前520年]周景王崩,葬景王,王室乱,三王子争国,国人立
　　猛,是谓悼王。王子朝杀猛,代立,晋逐朝而入丐,是谓敬王。
　　宋华亥、华定、向宁奔楚。楚世子建及晋师袭郑,③不克,死,
　　其子胜奔吴。

壬午[前519年]召氏、尹氏入王子朝于成周,单子、刘子以王出居
　　狄泉。④ 楚徙都鄀,囊瓦子常为令尹。吴伐楚,败陈、蔡、顿、
　　胡、沈之师于鸡父,灭胡、沈,获陈夏齧,楚建之子胜启之也。

癸未[前518年]楚城郢。吴公子光伐楚,拔巢及锺离,二女争桑
　　故也。⑤

甲申[前517年]鲁有三桓之难,⑥昭公奔齐,齐景公唁之于野井。
　　晋赵鞅会宋、鲁、卫、曹、邾、滕、薛、小邾之人于黄父。⑦

乙酉[前516年]晋赵鞅会诸侯之师,入王于成周,召、尹二氏之族
　　以王子朝奔楚。楚平王卒,世子珍继,⑧是谓昭王。

---

① "灾",原作"吴",据四库本改。
② 自"其傅伍奢"至句末,四库本作"楚杀其傅伍奢及其子尚,伍员奔吴"。
③ 四库本无"楚"字。
④ "居",四库本作"奔"。
⑤ "女",四库本作"子"。
⑥ "三桓",四库本作"二王"。
⑦ "黄",四库本作"冀"。
⑧ "珍",四库本作"轸"。

丙戌［前 515 年］晋韩、赵、魏三家大灭公族祁氏、羊舌氏，分其
　　　地。① 楚令尹子常杀费无忌。② 吴季札使晋。公子光弑其君
　　　僚，代立，是谓阖庐，专诸、伍员为相。
丁亥［前 514 年］鲁昭公自郓如晋，次于乾侯。楚大夫伯嚭奔吴。
戊子
己丑［前 512 年］晋顷公卒，世子午继，是谓定公。③ 吴灭徐以
　　　侵楚。
庚寅［前 511 年］晋定公使大夫荀跞纳鲁昭公，不克。吴伐楚，
　　　拔舒。
辛卯［前 510 年］晋韩不信会齐、宋、鲁、卫、曹、郑、莒、薛、杞、小邾
　　　之师，④城成周。鲁昭公卒于乾侯，三桓立其弟宋，是谓定公。
　　　吴伐越。
壬辰［前 509 年］晋人执宋仲几于京师。楚令尹子常败吴师于
　　　豫章。
癸巳［前 508 年］吴败楚师于豫章。
　　　经世之酉二千二百一十八
甲午［前 507 年］周敬王十三年。
乙未［前 506 年］晋定公会刘子宋、蔡、鲁、卫、陈、郑、许、曹、莒、邾、
　　　顿、胡、滕、薛、杞、小邾之君及齐大夫于召陵，⑤以伐楚。楚昭
　　　王北伐蔡。⑥ 吴师入郢，令尹子常奔郑，昭王奔郧，又奔随，使
　　　申包胥求救于秦。许徙居容城。吴王阖庐败楚师于柏举，五

①　"分"，原作"外"，据四库本改。
②　"杀"，四库本作"诛"。
③　"公"，原作"侯"，据四库本改。
④　四库本无"卫"字。"郑"原脱，据四库本补。"杞"，原作"祀"，据四库本改。
⑤　"刘子"二字原脱，据四库本补。
⑥　"王"，四库本作"公"。

战及郢,遂入其国,烧其宫,平其基,①伍子胥启之也。②

丙申[前505年]鲁阳虎囚季桓子。③ 秦救楚,败吴师于稷。楚昭
　　王自郧复归于郢,封吴夫概于堂谿。越乘虚破吴,入其国。吴
　　王弟夫概自堂谿亡归,代立,阖庐逐夫概,概奔楚。

丁酉[前504年]周有儋翩之难,王出居姑莸。④ 楚去郢,复都鄀。
　　郑灭许。

戊戌[前503年]晋师入周敬王于成周。齐取郓为阳虎邑。

己亥[前502年]鲁有阳虎之难,攻三桓,不克,窃宝玉、大弓走
　　阳关。⑤

庚子[前501年]秦哀公卒,子惠公继。

辛丑[前500年]鲁以孔丘为司寇,从定公会齐景公于夹谷。齐复
　　鲁侵地,晏婴在会。

壬寅[前499年]宋公之弟辰及大夫仲佗、石驱、公子地自陈入于萧
　　以叛。⑥ 郑子产卒。

癸卯[前498年]孔子去鲁,适卫。

甲辰[前497]鲁孔子在卫。晋六卿相攻。

乙巳[前496年]卫世子蒯聩奔宋。鲁孔子自卫之宋,又如陈。楚
　　会吴伐陈,灭顿。吴王阖庐伐越,不利,死,子夫差立,以伯嚭
　　为太宰。是年,于越勾践败吴师于槜李,⑦称王于会稽。

丙午[前495年]鲁定公卒,子蒋继,是谓哀公。楚灭胡。

----

① "基",四库本作"墓"。
② "启",四库本作"为"。
③ "鲁阳虎囚季桓子",四库本作"鲁阳货囚季氏"。
④ "莸",四库本作"犹"。
⑤ "关",原作"开",据四库本改。
⑥ "佗",四库本作"陀"。
⑦ "于越",原作"放越",据四库本改。后同。

丁未[前494年]晋赵鞅围范、中行氏于朝歌,中行走邯郸。楚会
　　陈、随、许围蔡。吴败越于夫椒,伏而释之。越王勾践伐吴不
　　利,使大夫文种行成委质以臣妾,遂栖于会稽。

戊申[前493年]卫灵公卒,其孙辄立。晋赵鞅会阳虎,以师入卫世
　　子蒯聩,不克,居之于戚城。鲁孔子复过宋。楚伐蔡。吴徙蔡
　　于州来。于越范蠡归国。

己酉[前492年]秦惠公卒,子悼公继。鲁孔子在陈。

庚戌[前491年]鲁孔子之蔡。

辛亥[前490年]齐伐宋。晋伐卫。齐景公卒,子荼继,是谓孺子。
　　晋韩、赵、魏败范、中行氏于邯郸。

壬子[前489年]齐乱,田乞弑其君孺子,迎公子阳生于鲁,而立之,
　　是谓悼公。高昭子死,国惠子奔莒。鲁孔子复至陈。楚昭王
　　救陈,军于城父,卒于师,世子章继,是谓惠王。吴伐陈。鲁伐
　　邾。宋伐曹。

癸丑[前488年]吴会鲁于鄫,以伐齐,征百牢于鲁。

甲寅[前487年]宋灭曹。楚令尹子西召平王世子建之子胜于吴,
　　以为巢大夫,号白公。吴伐鲁,盟于城下而还。

乙卯[前486年]宋伐郑。楚伐陈。吴伐齐。

丙辰[前485年]齐田乞卒,子常继事,是谓成子。齐乱,鲍子弑其
　　君悼公,立其子壬,是谓简公,田常专国。鲁孔子自陈复至于
　　卫。楚伐陈。吴会鲁伐齐,以救陈,杀大夫伍员。

丁巳[前484年]孔子自卫返鲁。子贡使齐及吴、越、晋。齐伐鲁,
　　吴救鲁,败齐师于艾陵。越伐吴。①

戊午[前483年]楚白公胜复奔吴,子西复召之。吴会鲁、卫之君于

———————————

① "伐",四库本作"朝"。

橐皋,移兵攻晋。

己未[前482年]晋定公及诸侯会吴夫差于黄池。越伐吴,入其郛,
　　执其世子友而还。

庚申[前481年]鲁西狩获麟。齐田常杀相阚止及弑其君简公于舒
　　州,①立其弟骜,是谓平公,割安平以东自为汤邑。② 孔子于鲁
　　请讨,③不克。秦悼公卒,子厉公继。晋伐郑。宋桓魋出奔
　　卫,又奔齐。楚巢大夫白公胜杀令尹子西,逐其君,代立。

辛酉[前480年]鲁使子服景伯使齐,子贡为介,齐归鲁侵地。卫世
　　子蒯聩自戚入,是谓庄公。辄出奔鲁。楚叶公以兵入诛白公,
　　而迎章复位,灭陈而县之。

壬戌[前479年]鲁孔子卒。

癸亥[前478年]晋伐卫,庄公出奔,国人立公子班师。齐伐卫,执
　　班师而立公子起。越败吴师于笠泽。

　　经世之戌二千二百一十九

甲子[前477年]周敬王四十三年。卫石圃逐其君起,④而迎辄复
　　位,起奔齐。

乙丑[前476年]周敬王崩,太子嗣位,是谓元王。齐田常卒,子盘
　　继事,是谓襄子。吴会齐、晋之师伐楚。越伐吴。

丙寅[前475年]晋定公卒,子凿继之。知伯伐郑,取九邑。越人
　　伐吴。

丁卯[前474年]越伐吴,围其国。

---

① "舒州",原作"徐州",据四库本改。
② "汤",四库本作"封"。
③ 四库本无"于鲁"二字。
④ "石圃",原作"石国",据四库本改。

戊辰[前473年]越灭吴,破姑苏,①杀其王并其大夫,北会诸侯于
　　徐州,②致贡于周,太宰范蠡辞禄游五湖,杀大夫文种,遂兼有
　　吴地。

己巳

庚午

辛未[前470年]周元王崩,太子介嗣位,是谓贞定王。

壬申

癸酉[前468年]鲁季康子卒,三桓作难,弑其君哀公,立其子宁,是
　　谓悼公。

甲戌

乙亥

丙子

丁丑[前464年]晋伐郑。

戊寅

己卯

庚辰[前461年]秦伐大荔。

辛巳

壬午

癸未[前458年]晋赵简子鞅卒,子毋恤继事,③是谓襄子,同智伯、
　　韩康子、魏桓子灭范、中行氏,④四分其地及逐其君,立公孙
　　骄,是谓哀公。秦取晋武城。

甲申[前457年]晋伐秦,复武城。

---

① "破",原作"被",据四库本改。
② 四库无"州"字。
③ "子毋恤继事",四库本作"子母恤继"。
④ "智",四库本作"知"。

乙酉[前456年]齐平公卒,子积继,是谓灵公。晋智伯及韩、魏二
　　家兵攻赵襄子于晋阳。

丙戌[前455年]晋三家兵围晋阳。

丁亥[前454年]晋韩康子、魏桓子复合赵襄子之兵攻智伯,灭之于
　　晋阳,三分其地。齐田盘卒,子白继事,是谓庄子。

戊子

己丑

庚寅

辛卯

壬辰

癸巳

　　　经世之亥二千二百二十

甲午[前447年]周贞定王二十三年。楚灭蔡。

乙未[前446年]秦厉公卒,子躁公继。

丙申[前445年]秦伐义渠,虏其王以归。① 楚灭杞,东开地至泗上。

丁酉

戊戌

己亥[前442年]周贞定王崩,太子去疾嗣位,是谓哀王,王叔袭杀
　　哀王,②代立,是谓思王。

庚子[前441年]周乱,弟少嵬杀其王叔,代立,是谓考王。

辛丑[前440年]晋哀公卒,③子柳继,是谓幽公,公室止有绛及曲沃。

壬寅

癸卯

---

① “虏”,四库本作“获”。
② “王”,原作“三”,据四库本改。
③ “卒”,四库本作“疾”。

甲辰

乙巳

丙午

丁未

戊申

己酉［前432年］秦躁公卒，弟怀公立。① 楚惠王卒，子中继，是谓
　　简王。

庚戌［前431年］鲁悼公卒，子元公继。楚灭莒。

辛亥

壬子

癸丑［前428年］秦庶长鼌弑其君怀公，立躁公孙，是谓灵公。

甲寅

乙卯［前426年］周考王崩，太子午嗣位，是谓威烈王。河南惠公封
　　其少子于巩，称东周君。

丙辰［前425年］晋赵襄子卒，兄之子浣继事，是谓献子，治中牟。
　　襄子弟桓子逐献子，代立。韩康子卒，子武子继事。魏桓子
　　卒，子斯继事，是谓文侯。

丁巳［前424年］赵桓子卒，国人杀其子而迎献子复位。

戊午［前423年］秦攻魏少梁。

己未［前422年］秦作上下畤。

庚申

辛酉［前420年］魏文侯杀晋幽公，立其弟止，是谓烈公。

壬戌

癸亥

---

① "公"，四库本作"王"。